Sammlung Luchterhand 672

Gabriele Wohmann

Unterwegs

Ein Tagebuch

Luchterhand

Der Film »Unterwegs. Ein elektronisches Tagebuch« entstand 1985, als Gabriele Wohmann Stadtschreiberin des ZDF und der Stadt Mainz war und wurde am 17. 11. 1985 zum ersten Mal ausgestrahlt. Der Abdruck des Drehbuchs folgt der ungekürzten Originalfassung. »Das Aufscheinen der Vergangenheit in der Gegenwart« wurde für dieses Buch geschrieben.

Originalausgabe
Sammlung Luchterhand, Oktober 1986
Lektorat: Klaus Siblewski
Umschlaggestaltung: Kalle Giese, Darmstadt
Umschlagfoto: André Kruse
Herstellung: Ralf-Ingo Steimer

Gesamtherstellung bei der
Druck- und Verlags-Gesellschaft mbH,
Darmstadt
ISBN 3-472-61672-5

Inhalt

Unterwegs (Drehbuch)

Heppenheim, Liebigstraße 12, Gartentor, drei Schwestern am Zaun, Nachwinken, Garten
MUSIK: *Klavierspiel*

Ich reise ungern ab. Ich reise überhaupt nicht gern ab, richtig ungern, jedesmal, wohin es auch geht. Dienstreisen, Ferienreisen, ich finde es immer furchtbar, wegzufahren. Abfahren, Ankommen. Dazwischen das Dableiben: fällt alles auf wie Arbeit – laßt's euch gutgehen, laßt's euch bloß gutgehen, bleibt gesund . . .

Zaun, Auto, Abfahren

Mein Film heißt *Unterwegs*. Unterwegs bin ich richtig ungern. 7. Oktober, 11.30 Uhr. Wir stellen den Ab-

Autobahn, Strecke nach Darmstadt

schied nach, das wird diesmal eine Dienstfahrt, wir kopieren die Sommerferien, nach kurzem Abstand fahren wir wieder auf die holländische

Garten Heppenheim

Insel Texel. Zum Abschied spielen wir ABSCHIED, je theatralischer, desto besser für mich, denn in mir übertreiben ängstliche Zwangsvorstellungen, nehmen Schrecken vorweg, ganz gewöhnliche Lebenslaufschrecken, jemand wird krank und so weiter – deshalb sage ich laut: Wir sehen uns bald wieder . . .

Winken am Zaun

Heppenheim an der Bergstraße, Liebigstraße 12, 7. Oktober, meine Mutter ist bei ihren beiden jüngeren Schwestern. Die jüngste Schwester spielt Stücke aus meinem Abendübprogramm, Evamarie, professionell.

Darmstadt, Rosenhöhe 11, Innen, Zimmer, Flügel, Gegenstände Küche

Der Abschied fängt ja bei mir Wochen vor dem Abschied an. Das Bild, lustige Gesichter beim Nachwinken, nehme ich auf die Reise mit. Macht's gut, macht's euch schön! Ich rede mir gut zu: sie haben es gut, wir alle haben es gut, immer noch, immer doch noch einmal, wir fallen kaum auf, so gut haben wir es. Montag, 7. 10. 85, 12.23 Uhr, LIEBER GOTT LASS ALLES BEIM ALTEN, noch einmal, LASS ALLES WIE IMMER! VORERST NOCH ... So lang schon tut dieser LIEBE GOTT mir den Gefallen und erfüllt meine luxuriösen Stillstand-Wünsche, fern vom schrecklichen Ernst des wirklichen Lebens ...

Photographie Vater/Mutter, Photo der Mutter allein

Texel in den Sommerferien: das war ein Kinderleben, sehr leicht verständlich, als ich endlich eingelebt war. Ich müßte gar nicht abreisen, um unterwegs zu sein.

Wie immer winkt meine Mutter am längsten und bis zuletzt.

Diese Art der Musikuntermalung, Bestandteile aus meinem Abendrepertoire gespielt von der Evamarie, die viel Schwierigeres spielen könnte, war mein erster Einfall für den Film, die erste Stimuliertheit.

Bücherregal, Fernsehapparat Etwas Parkgegend

Ich möchte nervenschonender leben. Wo bleibt eigentlich der Genuß? Das Gewohnte ist mir immer dann viel wert, wenn ich im Begriff bin, *und »Oberfeld«*

es zu verlassen. Das Abschiednehmen ist verkehrt, es ist unmoralisch. Ich muß mich mit dem richtigen Lesestoff versorgen, ÜBER DIE GEDULD von Kierkegaard auf jeden Fall, war Abend für Abend im Sommer nützlich, als ich wider Erwarten das Fernsehn nicht vermißt habe ...

SCHÖN IST NUR, WAS ERNST IST: hilft mir das Čechov-Zitat? Jetzt nicht, nicht gegen Reisefieber. Jetzt erst, so fühle ich vor allen Abreisen, jetzt erst bin ich eingelebt, jetzt habe ich gerade angefangen, alles zu verstehen, herzlich schätze ich die Gewohnheiten ...

Kaffeedose, Küchensachen

Hier meine Kaffeedose, hier mein Becher, da der Arbeitsplatz, ich will den roten Faden nicht verlieren, den Anschluß, ich will ihn nicht verlieren, hier kann man abends einen Film ansehen, meine Mutter wird das Telephonieren zweimal pro Tag vermissen. Unsere Familienspielhandlung wird gestört. Ich übertreibe meine Rolle, ja ja, ich weiß das. Mein Unentbehrlichkeitswahn – er gehört zum Unterwegssein. Herumliegende Gepäckstücke kann ich nicht ausstehen.

Telephon in den Dingen im Regal

Gepäckstücke

Globus und Uhr

Diese Uhr hat immer halb elf, meine Lieblingszeit. Vormittags: man hat sich eingelebt. Abends: ich rauche zum vorletzten Mal am Tag.

Einige Inserts von älteren Familienphotos

Extrem vor dem sogenannten Urlaub, extrem dann fällt mir meine Unähnlichkeit mit den übrigen Mitgliedern der Wohlstandsgesellschaft auf: Keine schönste Zeit des Jahres, bei mir, bei mir nicht! Nachträglich aber, nachträglich wird es sich gelohnt haben. – Geduld. Am besten bin ich dran mit meiner täglichen Routine. Aber Routine ist das ja auch: dorthin zu fahren, in das Dorf De Koog am Strand, das Meer zu besichtigen, mit

Kinderzeitphoto auf dem Schreibtisch

dem Hollandgefühl, aus Anhänglichkeit an früher, an Vater-Zeiten, unter der Regie meines Vaters haben wir mit der mehr oder weniger kompletten Familie lange geduldige Meeressommerferien gemacht ...

Wand hinter der Schreibmaschine

Schluß mit der Rebellion, mit der Aufgeregtheit, Schluß damit. Trennung! Nein, es geht mir nicht so wie den anderen Menschen, mir entgeht, beim Reisen, die Vorfreude. Warum ist das Reisen so beliebt? Zu Haus kenne ich mich gut mit der Vorfreude aus, auf nichts Besonderes, stückweise freue ich mich auf Bestandteile im alltäglichen Ritual. Beim Aufstehen fällt mir der Kaffee ein. Das Rauchen,

Schreibplatz

das erste Nachdenken. Der Abendspaziergang, vor dem Spielfilm das Klavierüben.

Aus kleinen Trennungen mache ich

große Trennungen, töricht von mir, Goethe paßt leider: »In jeder großen Trennung liegt ein Keim von Wahnsinn; man muß sich hüten, ihn nachdenklich auszubrüten und zu pflegen.«

Winken in Heppenheim

Ich bin schon so lang wieder einmal vor dieser Abreise unterwegs . . . Wenn ich ein Kind gehabt hätte, wäre ich ihm immer bloß dabei behilflich

Photo Mutter/Vater

gewesen, sich vor der Welt zu drükken. Kindergarten, Feriencamps und was es sonst so gibt an Einsamkeitsprüfungen und Selbständigkeitstrainings, ich hätte sie dem Kind allesamt erspart, Atteste herbeigeschafft, Entschuldigungen geschrieben, das Kind nicht robust gemacht . . . Die Post von und nach Texel kommt nie an – ich übertreibe im voraus, man kann

Inserts: alte Photos

telephonieren. Meine Mutter bleibt zu Haus. Die Kinder sind erwachsen, werden alt, reisen allein. Als wir kleine Kinder waren, hat sich meine Mutter nie erwachsene Ferien nur mit meinem Vater gegönnt, kein Privatleben, in aller Genüßlichkeit von uns abgesondert. Was alles ich doch nicht allein konnte, ALLES, und alles habe

Autofahrt

ich von ihr gelernt. Von mir lernt sie, daß sie alles allein versuchen muß. Im Rollentausch mache und mache ich keine Fortschritte. Ich werde nur immer ungeschickter, zappliger, unpraktischer, je älter meine Mutter wird, desto unnützer werde ich als ihr Kind, ich bleibe das Kind, aber ich reise weg . . . von einer anspruchsvollen und selbstsüchtigen Mutter fiele die Trennung sehr leicht . . . wäre sie doch nicht so lieb, denke ich manchmal, vom Liebhaben gibt es keinen Freispruch.

Heppenheim-Bilder

Meine Mutter trauert uns nicht hinterher. Wohlwollendes und Günstiges wünscht sie uns, abgelenkt ist sie

Flache Reisegegend

auch, mit meiner trüben Gewissenswehmut wäre sie nicht einverstanden, gar nicht. Genieß' dein Leben, höre

Totale: Winken

ich sie sagen. Mach dir nicht so viele Gedanken.

Holland-Autofahrt

Das Abschweifen, das Dahindenken ohne Plan, während ich im Auto mitfahre, es tut mir gut. 12. 10. Seit die Gegend flach geworden ist, bin ich lieber unterwegs.

Ankunft Rijnhotel Arnhem, Kofferraum

Viel zu viele Gepäckstücke. Mein Dienstreisegepäck, eine Reisetasche, ist mir lieber.

Rezeption, Ansichtskartenauswahl

Ziemlich sinnlos, von hier aus zu schreiben, meine zwei Karten aus Arnhem, an meine Mutter, an meine Schwester und meinen Schwager, Traditionen beide, kommen aus Arnhem werweißwann an, später als die Karten aus Texel.

Kartenschreiben

Ansichtskartenschreiben, auf den kleinen Text-Teil, macht mich immer nervös. Sie nicht zu schreiben, wäre wie Identitätsuntreue.

Blick auf Rhein, Kaffeetrinken

Mein Stoffwechsel muß jetzt endlich die chemische Formel für Zufriedenheit/Ruhe herstellen. – Lang über die Zeiten hinaus, in denen Grenzübertritte noch etwas Außergewöhnliches waren, trinken wir den ersten holländischen

Kaffeetrinken, Arnhem/Stadt, Zigarettenladen

Kaffee ausdrücklich als ersten holländischen Kaffee. 15.10 Uhr. Mit einer besonderen Auslandsandacht. Arnhem als Reiseunterbrechung gehört in unser Feriensystem. »In der Gewohnheit ruht das einzige Behagen des Menschen; selbst das Unangenehme, woran wir uns gewöhnten, ver-

Zimmer, Gepäck

missen wir ungern.« Gehe ich so weit wie Goethe? Oder überwiegt mein Stöhnen, wenn mir

Bilder Rosenhöhe, Wohnung, Küche/Kaffeedose

das Zimmer wieder zu eng vorkommt? Aufpassen, nicht mürrisch zu sein. »Man denkt an das, was man verließ; was man gewohnt war, bleibt ein Paradies.« Auch Goethe.

Arnhem/Zimmer

Früher war Arnhem angenehmer, früher – eine dumme Alterserscheinung, das Vergleichen der Gegenwart mit früher. Nur keine Verklärungen!

Arnhem, Szenen aus der Stadt

Wir achten auf Wiederholungen. Stadteinwärts entlang dem Fluß, einem Arm des Rheins: ist es die Waal?

Hätten wir doch damals, als mein Vater seine nie zum Lernen aufgelegte Familie historisch-geographisch-kunstgeschichtlich zu unterweisen versuchte, hätten wir doch besser aufgepaßt. Jetzt zitieren wir ihn bruchstückhaft. Das väterliche Lehrmaterial immer bis dahin, wo wir ihn mit Witzemachen unterbrochen haben, und es ist uns auch recht so, wir haben unseren liebevollen Mentor auf diese Weise bei uns, er hat gern über uns gelacht, jetzt ist er da in unseren Defiziten . . . im Stich gelassen wie es sich für vaterlose Kinder gehört. Nur auf Außenstehende wirken wir wie Erwachsene. Wenn wir uns von unserem Vater beobachtet fühlen, regenerieren wir zu Kindern, und als Kinder werfen wir diese zwei ersten Karten in einen der Arnhemer Briefkästen mit den seltenen Leerungszeiten.

Groote Kerk
Postamt

Markt

Nein, nicht in die Kirche, graue gotische Groote Kerk, selten ohne ein Gerüst, wie jedesmal werden wir nicht eintreten.
Änderung früherer Sitten: mein Mann ist dem ersten holländischen Matjes gegenüber abstinent.

Städtische Szenen/ Abräumen des Marktes

Samstag, später Nachmittag, aber die Holländer arbeiten noch.
Arnhem ist nicht mehr unumwunden SCHÖN und EINMALIG SCHÖN VON NATUR

UMRAHMT, wie unser Baedeker von 1927 lobt. Arnhem ist keine Ausnahme, sondern eine zeitgenössische Stadt, und es ist auch in die Landschaft expandiert, in seine Außenbezirke gewuchert. In keinem der Wohnblocks des südöstlichen Satellits würde ich gern wohnen, gewiß nicht, und doch bereiten mir holländische Vorstädte weniger Unbehagen als deutsche. Die Bewohner scheinen Spaß am Benutzen ihrer Zimmer zu haben, sie individualisieren ihre großen Fenster, und den Balkonen sieht man den inszenierten Alltag an.

Gebäude

Schon immer war die holländische Architektur für die menschenfreundliche Ästhetik wohltuender Proportionen berühmt. Das Baumaterial, viel Backstein, Klinker, gefällt mir. Mein Elternhaus, ein Pfarrhaus, war ein Klinkerhaus.

Rituell: der Abendspaziergang. Ich gehe gern durch die Wohnviertel. Ich bin neugierig auf das Innenleben in den Einfamilienhäusern.

Erkerchen für Erkerchen in dieser Fassadenzeile könnte das ein Stadtteil von London oder von Boston sein. Realität spielen beim Blick durch die Fenster. Ihr guten Puritaner, auf euch geht es zurück, daß die Holländer ihre Vorhänge nicht zuziehen. Jeder darf

sehen, was sich in den Zimmern abspielt. Ein Einfluß, der sich leider abschwächt.
Gewohnheit macht abhängig. Das Gernhaben bildet sich heran. Manchmal, zu Haus, sehne ich mich nach einem Abendgang durch Arnhems Wohnviertel.

Hausboote

Sind wir auf die Hausbootbesitzer ein bißchen neidisch? Darauf, so leben zu können wie sie, mit wenig Besitz, ein wenig schwankend, halbseßhaft, so leger? Wir probieren Phantasie-Existenzen aus. Das machen wir auch auf Texel, stellen uns vor, wie das wäre, dort ein kleines Haus zu besitzen. Überall locken die Schilder TE KOOP, sie regen die Einbildungskraft an.
Auch in Arnhem schreiten die Harmonieschrumpfungen fort. Was die Stadtväter freut, bekümmert die Zuschauer: neue Straßen, Parkplätze. Über die einstigen Kuhweiden fransen die Bebauungen, die Industrieansiedlungen aus. Nostalgisch-pessimistisch sind wir als Durchreisende, die hier nur flanieren und kein Geld verdienen wollen. Die Möwen müßten vor dem Rhein gewarnt werden, die Kühe vor dem industriell umzingelten Gras.
Und trotzdem, uns kommt, verwikkelt in die Nachteile des Fortschritts,

die Zivilisationstragödie nicht mehr ganz so deprimierend vor, wenn wir in Arnhem sind. Weil wir Gäste sind?
Alleen Unterwegs sind? Weil die niederländische Lebensweise etwas Versöhnliches hat? Kein Stadterstickungsgefühl, weil man das Flachland im Südwesten weiß, nordöstlich die hüglige Heidelandschaft der Hooge Veluwe? Ein Schutzwall aus wichtig-schönen alten Laubbäumen in Alleen, und Wäldern, da wo die Stadt aufhört –
Café, Zentrum aber wir sind noch da, samstags, 12.10 Uhr. Eng verzweigtes Konsumenten-
Garten in Heppenheim, Abschiedsbild paradies. Arnhems Zentrum, turbulent bis zum späten Ladenschluß. Wir brauchen schon wieder Distanz dazu. In diesem altmodischen großen Café, das auch bei kühlem Wetter mit Korbmöbeln auf die Trottoirs überquillt, trinken wir wieder Kaffee, ein menschenfreundliches Stück Gebäck auf der Untertasse, die erste holländische Gauloise, die mir das Gefühl gibt, ziemlich gesund zu rauchen . . . der erste inländische Genever für meinen Mann.

Bushaltestelle Arnhem Park Rosenhöhe In einem Wartehäuschen der Busgesellschaft spiele ich Lebensgefühl: ich will so tun, als wäre ich hier Anwohner und Fahrkartenabonnent.

Bahnhofsbrücke Auf der Brücke über dem Gleiskörper stehen wir immer. Das westöstliche

Gleissystem, die Schienen, Reiseschmerzen, Lust zum Weiterfahren – wohin? Heimweh? Wonach? Woher, wozu? Uralte theologische Fragen, wir stellen sie uns nicht ausdrücklich, sie interpunktieren den Blick auf das Schienennetz, auf Signale, Schranken. Immer lockt die Ferne wie Ewiges und wie Nach-Haus-Kommen nirgendwohin. Das Glück könnte sein, daß man vergäße, wie aussichtslos es ist, nach irdischen Antworten zu suchen. Eisenbahnschienennetze, und das Meer zum Beispiel, sie erleichtern es, einfach zu glauben. Die Dauer des Hierseins sinnvoller zu finden.

Texel, Hotelankunft, Zimmer

Originalton Frau Kant/Begrüßung. Vom Vorteil der Langeweile auch auf Reisen schreibt Goethe an Schiller: ». . . der Mangel an äußeren Verhältnissen und Verbindungen, ja die lange Weile, ist demjenigen günstig, der manches zu verarbeiten hat.«
13. 10. 85, 15.30 Uhr. Ich habe in Zimmern wie in diesem immer auch arbeiten können, an Romanen weitergeschrieben, Erzählungen geschrieben, aber nicht so vorsätzlich wie zu Haus. In diesen bevorstehenden 14 Tagen werde ich ja aber nur arbeiten, der Film verändert mein übliches Texel-Gefühl. Beschaulichkeit wird nur imitiert sein.

Blick aufs Meer, von oben/Düne aus, dann Strand. Nah/fern

Hotelausblicke aufs Meer

Standphotos, beziehungsweise Prospekt- und Ansichtskarten-photos: Kontrastmeer, blau, touristisch

Das Meer, das zahllose Male von mir verwendete Meer. In Erzählungen, in Romanen, immer wieder das Meer, ein Ziel, nie ganz zu erreichen, die Annäherungen bleiben unvollkommen, ein Durst, der nie ganz gelöscht werden kann. Elefantenrükkenmeer, Waschbrettrillenmeereswellen, das etwas einfachere Glauben, an Unendlichkeit, Ewigkeit . . .

Zum Glück ist das Meer im Herbst nicht mehr für das Baden da. Das Meer wird im Oktober nicht als Spielplatz diskriminiert, blaues Meer für Sportler. Mit Freunden haben wir uns neulich über Ferien am Meer unterhalten. Sie wollen rückenschwimmen, tauchen, schnorcheln, auf Tretbooten weit hinausfahren. Das ist mir alles völlig fremd und zuwider. In den Sommerferien unterdrückt mich vormittags am Strand lächerlicherweise das Leistungsgefühl, hinein ins Wasser, lautet das ständig störende Bewußtseinskommando, das Meer abgelten . . . Narzißtischer Heroismus. Die reinigende Kraft, die von den Brandungswellen ausgeht, bildet man sich nur mehr ein. Es geht ums Aufraffen selber. Das Aufraffen ist die Tat, und ist die ganze Arbeit meistens schon. Mit dem Baden im Meer ist es

Schreibtisch zu Haus

wie mit dem Entschluß, sich doch wieder an den Schreibtisch zu setzen, weiterzumachen, einfach immer weiter, mit dem kalten Wasser, mit dem Schreiben.

Hotelzimmer, geschlossene Vorhänge

Wie lang ich wirklich schlafen würde, werde ich nie wissen. Nie habe ich das AUSSCHLAFEN ausprobiert.

Hotelweg/ Spaziergang

Schon als Kind wollte ich vor meiner Schwester wach sein. Ich wollte so früh wach sein wie mein Vater.

Offene Vorhänge

Jetzt will ich eine Stunde früher als mein Mann wach sein. Interessiere dich, rate ich mir.

Fensterblick aus Zimmer 70, wehender Vorhang

Wie ist das Wetter? Wie es jetzt ist, gegen 11, wird es nicht bleiben, nicht an der Küste. Warum reisen wir immer wieder in diese Wetterwechselzone? Weil wir Gewohnheiten fortsetzen, weil wir doch einmal im Jahr das Meer betrachten wollen, wir wollen unserer Identität treu bleiben, und anhänglich an alte Vorlieben.

Frühstücksszene

Beim Lesen von Heiratsanzeigen wundern mich immer wieder die Freuden, mit denen anderen Menschen durchs Frühstücken gedient ist. Diese Stoßseufzer: ICH BIN ES LEID, ALLEIN ZU FRÜHSTÜCKEN. Ich selber, ich rede am besten vor zehn Uhr morgens noch kein einziges Wort. Im Hotelleben von Ferien muß man sich umstellen.

Eßsaal, Frühstückssaal (so weit noch benutzbar) Hotel Juliana

Das Hotel Prinses Juliana hat überhaupt fast nur noch unseretwegen offen, und die ferienübliche Frühstücksszenerie mit vielen Gästen, die wie in Pflichtausübung essen, gewissenhaft, als hänge sehr viel davon ab, diese Szenerie läßt sich nicht simulieren. Keiner da außer uns. In unseren Ferien vor vier Wochen hat meinen Mann und mich der Gedanke traurig gemacht, daß es mit dem Juliana als Hotel endgültig vorbei sein wird.
Und mit unseren Feriengewohnheiten deshalb auch. Zu seiner Freude bekam der jetzige Besitzer endlich eine Umbaugenehmigung, das Juliana soll ein Komplex mit Appartements, Studios, Eigentumswohnungen werden – die Epoche der Hotels geht zu Ende . . . aber wir sind immer noch da, meinen Mann und mich können Ferien mit Haushalt nicht verlocken . . .
Ich erinnere mich zum Beispiel jetzt mal nur an diesen einen Erholungswert, Feriengewinn: vom Nachmittagsspaziergang kommen wir zurück in die Lounge und mein Mann sagt: Ich sehe mal nach, was es heut' abend zu essen gibt . . . er liest die Menü-Karte, die an die Tür zum Speisesaal geheftet ist, er referiert . . .
Weiter mit den Wohllebensimperativen: sei nicht mürrisch, sei dankbar.

Grund genug zur Aufmerksamkeit. Wir, mein Mann und ich, Lebensmenschen, haben einen gemeinsamen

Schwenk ins Dorf

Tag vor uns. Den 14. 10. Grund genug ... in der Vorzeit, als wir heirateten, ahnte ich noch nichts vom existenziellen Zusammenhang mit einem anderen Menschen.

Also wäre doch jeder Moment, jeder Schritt, jeder Anblick ein Motiv.

Einkauf im Supermarkt

Ein Lieblingsgedicht, Eigentum, von Goethe: »Ich weiß, daß mir nichts angehört / Als der Gedanke, der ungestört / Aus meiner Seele will fließen /Und jeder einzelne Augenblick / Den mich ein liebendes Geschick / Von Grund aus läßt genießen.«

Strandhotel vom Strand aus

Das Strandhotel, als den einzigen signifikanten Punkt an dieser Küste, haben die Deutschen im Krieg in die Luft gesprengt. Heute sind es die Deutschen, denen es hier nach Art der Urlauber gefällt. Holländisch lernt keiner. Es ist zu bequem, in Holland mit der deutschen Sprache auszukommen.

Hof, Anfahrt bei den de Weijers, außen

Aber die Kinder der de Weijers lehnen es ab, mit den Eltern Deutsch zu sprechen. Weil ich lieber einen Spielfilm machen würde, besuchen wir die de Weijers in ihrem renovierten Bauernhof bei Oosterend. Martin de Weijer ist stellvertretender Direktor am Gymnasium in dem Hauptort Den Burg.

Szene Kaffeetrinken Wohnung, Klavier

Unterhaltung, O-Ton.
Die de Weijers haben mir angeboten, hier Klavier zu üben. Das Haus lassen sie den ganzen Tag über unverschlossen. Das Angebot ist so freundlich, aber es verlockt mich nicht genug. Hotelferien sind Hotelferien, und auch Klavierferien.

Hof, außen, Landschaft, Fahrt zu einem zum Verkauf stehenden Haus/Hof, Umgebung, Besichtigung

Immer wissen Elisabeth und Martin de Weijer von Höfen oder Ferienhäusern, die zu kaufen sind. Seit vielen Sommern spielen mein Mann und ich die Utopie, auf Texel ein Domizil zu haben. Martin ist sachkundig, fast ein Architekt. Nicht nur den eigenen Hof hat er umgebaut, eingerichtet. Unser Spiel wird aber immer spielerischer.

Verschiedene »Te koop«-Häuser

Die Reise hierher ist zu weit. Die Betreuung aus der Entfernung ist zu schwierig. Als Vermieter eignen wir uns auch gar nicht, Zeit für einen neuen Aktenordner mit der Aufschrift TEXEL haben wir schon gar nicht . . . Daß die de Weijers hier wirklich das ganze Jahr über leben, kommt mir ganz unwirklich vor. Hätte ich das, vor vielen vielen Jahren, auch so entscheiden sollen? Würde ich dann ein Spielzeugleben führen können?

Im Mantel am Flügel im »Juliana«

Straße Ruijslaan, Stechpalme, Bauerngarten

Wohin ich an den Eingewöhnungstagen immer wieder gern will: zum Bauerngärtchen hier ... im Sommer ist es bunt und ländlich, und ich denke mich zu den Garteneinfällen der Margarete, der Schwester meiner Mutter, hin, und ich sehe gern mitten in die Stechpalme hinein, ich sage dann zu meinem Mann: Nach Badenweiler sollten wir fahren zur Besänftigung.

Landschaft bei Den Hoorn/ Dünengegend

15. Oktober, 15 Uhr. Es gibt auf dieser Insel viel reizvolle Landschaft, aber wir kommen nie hin. Wir sind die Gegenpole zu den Erlebnis- und Abenteuer- und Streß-Urlaubern.

Wäldchenwege

Wir machen immer das Gewohnte. Gehen immer die gleichen Wege. Damit alles, nach dem Einleben, wie Zu-Haus-sein ist.

Ladenbummel, Schaufenster

Die Küste ist öde, Waldränder beruhigen. Auf Texel gibt es Wälder, Wäldchen.

Was zu Haus nie interessieren würde, hier aber wichtig ist: haben die Ladenbesitzer endlich umdekoriert? Könnten wir einen komischen Leuchtturm gebrauchen, einen Becher. Was bringen wir, wieviel, und wem mit?

O-Ton-Unterhaltung.

Oosterend: Kirche/Friedhof

Texel. Wir sagen Tessel, sprechen es historisch aus, halten daran fest, obwohl wir uns mit der falschen Aussprache rascher verständigen könnten. Die Treue zur richtigen, zur historischen Aussprache: Tessel statt Texel entstammt auch den Zeiten mit meinem Vater, dem früheren Regisseur sämtlicher Ferien, Ausflüge, Besichtigungen. Wir denken an seine Inszenierungsideen, bester aller Familienoberspielleiter. Wie vieles wollte er seiner bequemen-unernsten Familie bieten. Dauernd aber auch Rast machen, da, wo es schön aussah, um ein Täßchen Kaffee zu trinken. Das machen wir ihm gutwillig nach.

Beim Kaffee, Strandcafé Buterrigel

Das sieht nur beschaulich aus, in der Wirklichkeit irritiert uns das Reizklima psychosomatisch, außerdem ist es Arbeit, und in den Ferien muß man Ansichtskarten schreiben, man würde, wenn man zu Haus wäre, jetzt überhaupt nicht an alle diese werweißwie netten Leute schreiben . . .

Oudeschild/ Lokal am Hafen/innen

Machen Sie einen sehr persönlichen Film! Neue Wege! Nichts Dokumentarisches! Langeweile als Spannungselement! Optische Metaphern! Ich erinnere mich an die ganz alten Mechanismen, nach denen neulich ein alter Fred-Astaire-Film gedreht war und bei dem ich mich keine Minute gelangweilt habe.

Strandcafé mit den Grolls

Daß ich keinen Dokumentarfilm mache, kommt meiner Faulheit angesichts statistischer Daten allerdings entgegen. Für den Film ist es gut, daß unsere Freunde, die Grolls, zu Besuch gekommen sind, neugierig aufs Filmen.

O-Ton: Unterhaltung.

Kaninchenställe in den Vorgärten Pferde auf der Koppel

18. 10. 85. Füttert mein Mann am Abend die Pferde mit Rosinenbrot vom Frühstücksbuffet? Nachgeahmte Ferien . . . Ich habe wieder vorher nicht gewußt, wie schön, wie friedenstiftend es würde. Bin ich ein Nachträglichkeitsmensch, ungeeignet für die Gegenwart? Eine Woche zum Eingewöhnen habe ich wieder gebraucht in den Ferien, die erste Post von zu Haus war endlich da, meine Post war endlich angekommen . . . Wie eingelebt ich dann war, wie lebensrettend die tägliche Routine schon wurde, mit Zeitungskauf, Rundgang durch den Supermarkt, wo es mir viel vorkommt, wie wenig wir brauchen, mehr Haushalt brauchte

Gang Strand

ich nie . . . mit Gang zum Strand und Sitzen im Strandhäuschen . . . Zeitunglesen und etwas Ärgern übers Zeitunglesen. Mittagsimbiß, Pause,

Dünengang

Nachmittagsgang. Nicht vergessen, Kierkegaard zu memorieren: ICH BIN EIN UNNÜTZER DIENER!

Speisesaal

Das Abendessen.

Auf den Abendspaziergang bestehe immer nur ich. Ach, nachher fernzu-

Autofahrt geradeaus, Dämmerung

sehen! Verbannungsort für Leser, dieses Hotel. Ich sage mir ja, daß es nicht schaden kann, wieder mehr zu lesen. Warum aber soll das Leben eines Menschen wie ein dauernder Lehrgang sein? Wann beginnt der Ruhestand? In meinem Beruf überhaupt nicht, kein Ruhestand beginnt jemals.

Spaziergang am Strand in De Cocksdorp

Besuch aus der Schweiz: Doris und Mario, meine Schwester und mein Schwager, sind bis hierherauf gereist, wie oft in früheren Jahren.

O-Ton: Unterhaltung.

Autospazierfahrt zum Waldplatz, wo ehemals das Hotel CALIFORNIE stand

19. 10., 11.30 Uhr. Früher stand hier ein kleines Hotel, das CALIFORNIE. Ich habe es oft als Einschlafgedanken benutzt, mit innenarchitektonischen Umrüstungen habe ich es für uns als Wohnhaus eingerichtet. Doch, leider: Ich bin ein Nachträglichkeitsmensch.

Lounge Hotel: mit Doris, Mario, Reiner

Nachträglich ist etwas schön gewesen. Die Gegenwart genieße ich in einer Rückblende. Leider bin ich so, dummerweise bin ich so. Und in dem Erinnerungsbild bin ich dann so ruhig, wie es meinem Ideal von mir entspräche. Jetzt erst, in der Rückblende, lehne ich mich geduldig zurück, dort im Hotel Californie, ich schaue ohne Aktivitätswahn den andern zu. Bestandteil vom Glück, in der grünen Laubnische, im Stillstand, 20 Minuten Spazierwegdauer bis zum

Meer, das langsame freundliche Reden am günstigen Tisch, ja, lieber Vater, wir alle haben viel Zeit und viel Appetit, bestell' Kaffee nach und Eis möchten wir auch, so wie du es genießt . . .
O-Ton-Unterhaltung.

Garten Heppenheim

Meine beiden Brüder und ihre Frauen fehlen dem sehr persönlichen Film . . .

Totale: drei Schwestern

Die Phantasie unternimmt andere Ausflüge. Ich möchte nur zum Zuschauen kommen. Drei Schwestern betrachten und mich nicht einmischen. Sie lesen in unübersichtlich verteilten Zeitungen, in englischen Sommerromanen mit diskreten Liebesgeschichten, sie schnipseln an den Gewächsen des Gartens herum, sie begutachten die Pflanzen, sie legen eine Handarbeit weg, um sich etwas Gutes aus der Küche zu holen, etwas Süßes, sie essen das Obere vom Streuselkuchen: in meinen Wünschen, in denen ich nur Zuschauer bin, ich will wissen, wie das ist: stillschweigendes Auskommen miteinander, das Fehlen der Nervosität.

Texel – Gegend, Meer, MUSIK: meine Kindheitskomposition

Dringt jetzt Klavierspiel an den Platz mit den weißen Gartenmöbeln? Diese Melodie habe ich, als ich dreizehn war, mit Blick auf ein Meeresplakat, komponiert. Die linke Hand hat mir, in mehreren Ver-

Kontrast: Strand, Meer, Dünen bei De Koog

sionen, die Evamarie gesetzt. Die Schatten von Linde, Zeder, Oleander fallen tiefer und reichen weiter über die Blumenbeete und das Rasenstück. Im Kloster jenseits der Straße beginnt das Sechs-Uhr-Läuten – wenn ich großes Glück hätte, käme eine der drei Schwestern auf die Idee, jetzt gleich anzurufen, nur um zu sagen: so geht es uns, gut.

Kirche, Den Burg

Es ist gut für mein Lebensgefühl, wenn mir Kierkegaards Tagebuchnotiz über den Herbst einfällt: »Darum halte ich so viel mehr vom Herbst als vom Frühjahr, weil man im Herbst nach dem Himmel sieht – im Frühjahr auf die Erde.«

Ich bin nicht zu Haus. Zu Haus würde ich mich auf einen Ausflug freuen, den ich spät am Abend in eine kleine amerikanische Stadt unternähme: am Bildschirm. Neugierig beträte ich eine Holzveranda, hinter einer jungen Frau her, die in großen Schwierigkeiten ist . . .

Am Leuchtturm Bauernhöfe

Noch ein fernes Ziel, der nächste Ausflug geht zum alten Gutsbesitz, dessen Obstgärten, Waldstück, Getreideäcker und bald auch der früher bewundernswerte Garten verwahrlosen, der Pächter hat alles heruntergewirtschaftet, aber Klavier wird noch hinter der Verandascheibe gespielt . . .

ich lese in einem Erzählungsband von Anton Pavlovič Čechov, ohne zu lesen, das hier ist schön langweiliges Texel, es läßt mich längst in Ruhe.

Dünenengegend

19. Oktober ... Das Ruppige, Zerraufte und Zerfetzte, die Öde, das Barbarische und Brutalisierende der Szene und des Klimas – man müßte

Autofahrt
Wald

sofort liebevoll sein, allem freundlich gewogen, geduldiger. Die dauernd wechselnden Lichtbedingungen, epilepsiefördernd! Gleichzeitig das Wünschen: Sei doch ruhig, willige ein, sei zufrieden. Ermiß deine Kleinheit, UNNÜTZER DIENER, Kierkegaards NICHTS-Sein vor Gott, nur Gottes zu bedürfen, macht dich menschlich, es macht die Vollkommenheit aus ... ich weiß es abends ab dreiundzwanzig Uhr.

Mit dem Eingewöhnen verliere ich die Angst vor der Geistlosigkeit, vor der Geistlosigkeit wie Seelenverlust. Ich will nichts vergeuden. Ferien an der

Inserts

See, von jeher. Die alten Bilder leben in der Gegenwart immer mit, sie leben auf. Mein Vater nach dem Erfrischungsbad, und meine Mutter mit dem Badetuch, wartend. Vom ältesten Bruder bis zum jüngsten, meine Schwester und ich in der Mitte: immer das Meer, der Kontrast zum Zuhaussein. Es war nichts umsonst, liebe

Eltern, es hat sich alles gelohnt, jeder Augenblick gelohnt mit euch, Vater, Mutter, Geschwister.
Ich möchte mit meinem Mann dreimal am Tag beraten: wohin gehen wir heute ein bißchen spazieren? Das genügt, ist hochinteressant, die Langeweile ist das Gegenteil der Langeweile geworden.

Doris/Mario/ Reiner und ich gehen spazieren, Strand De Cocksdorp, ohne O-Ton

Daß Doris und Mario gekommen sind, paßt besonders gut, denn sie transportieren einen Anteil vom Erinnerungsvorrat der Texelferien in die Gegenwart. Die beiden haben uns schon früher oft hier besucht. Hatten nie genug Zeit für so erholsame Aufenthalte wie wir. Meine Schwester sehnt sich nach einem freieren Leben, ich verstehe sie, das Binnenland wird uns nach der Luftigkeit hier wieder dunkel und vollgestopft vorkommen, wir können uns nicht mehr genug bewegen. Mario, mein Schwager, sieht vom Morgen bis zum Abend in seiner Psychologenpraxis Patienten, sitzt und sitzt . . . meine Schwester arbeitet hinter Jalousienlamellen im Halbdunkel an Bildschirmen der ETH-Bibliothek in Zürich . . .

Mit Doris, Mario und Reiner Terrasse Hotel Lindeboom in Den Burg

O-Ton-Gespräch.
Die Kombination aus Phantasie und Gläubigkeit fällt unter dem weiten Himmel leicht.

Quai von Oudeschild
Meer, Watt

Mitleid mit dem Meer. Der plötzliche Tod ist bald möglich.
20. 10. DDT, DDE, Aldrin, Dieldrin, Lindan, Endrin. PCB, Quecksilber, Blei, Cadmium, Zink und Kupfer, alles im Meer. Die vergiftete Brandung sieht weiterhin imponierend aus. Seevogelarten, Flundern, Heringe, Schollen, Garnelen sind schon krank. Die immerwährende Ölpest bringt Zehntausende von Seevögeln dauernd um. In Muscheln reicht die PCB-Konzentration gegenüber dem Meerwasser bis zum Hunderttausendfachen.

Fähre, Abschied von Doris/Mario

Der Sportskontakt mit Strand und Wasser: mir lag nie daran. Das Meer als Anblick hat genügt. Grimmiges, menschenunzugängliches, sehr ernstzunehmendes Meer, das kein Spielplatz ist, todkrankes Meer, noch nie ein Anlaß, vor Vergnügen in die Hände zu klatschen.
O-Ton.
21. 10., 22. und 23. Applaus aber für das von jeher gefährliche Meer, grau unter grauer Bewölkung, zu keiner

Landschaft ohne Meer

Geselligkeit einladend. Das Meer sieht nicht wie eine Fälschung aus. Was für ein Leichtsinn und Irrtum, die gesamte Urlaubervergnüglichkeit, die sich an Stränden nah ans Meer kuschelt, Schwimmer, Sonnenbadende, Surfer, Eltern winziger Kinder, die zu Mutproben in Meerwasser getränkt werden, Segler, Wattwanderer, Ausflügler zu Seebänken, Taucher, – sie alle behandeln das Meer wie ein Spielzeug, passable Kulisse, sie schätzen es gering ein, tun so, als wäre das Meer für Menschen gedacht und müßte gefälligst Spaß verstehen. Feindlich, melancholisierend, und wenn ich lang hinschaue, entsteht dieses sonderbare Durstgefühl, wie bis auf den Tod dringendes Liebhaben. Ein Tag, gegen Ende der Ferien, eingelebt, mit Landwind, 9. September, der Tag, an dem mein Vater starb, am Strand schwül und windstill, die Leute sehen ratlos aus, ungefähr so viel Möwen am Strand wie Menschen, die Möwen sitzen im Sand herum und erinnern an die aufgestellten Servietten im Speisesaal des Juliana . . . An so einem Schönwettertag ist es am Strand ein bißchen unheimlich, die

Allee in De Cocksdorp

Allee kurz vor dem Ortseingang nach De Cocksdorp lockt, Schatten . . .

Strand

Beim Mitfahren im Auto bin ich wie ohne Gewissen gewesen, Kinderleben, Kinderszenen . . . ich habe in

Autofahrt

diesen Ferien fast keine Zeile geschrieben, und es ist mir jetzt egal . . . Ich will nicht, daß der Alltag mir einfällt. Wie idiotisch: der Alltag, von dem ich mich nur unter Quälereien habe trennen können. »Jetzt, und nur so wie es jetzt ist . . .« So müßte es bleiben. Ich zitiere mich sonst nicht aus Gedichten von mir selber. Die Angst ist die Ungeduld.

Rosenhöhe/ Arnhem/Texel

Zuerst konnte ich nicht abreisen, dann konnte ich nicht bleiben, dann, in der 2. Woche, fängt das Genießen

Dünen, Gang mit Reiner

an, ausgerechnet am 9. 9., Todestag, mein Vater, doch, du fehlst uns ungemildert, ausgerechnet heute geht es

Wäldchengang

mir gut, den Schmerz zu spüren, das Liebhaben, Zeit zu haben für die Verlustempfindung: tut gut . . .

Beste Absichten, meinem Mann zuliebe nicht wieder dieses Seelentheater bei der Trennung zu veranstalten.

Aber viel zu früh beginnt das Gefühl von »letzten Tagen«. Ich habe keine Lust zu dem Programm, das in diesem Herbst in meinem Terminkalender steht. Ich wünsche mir, daß der ausführliche unschlüssige Roman von Jane Austen nicht endet, im Dorf De Koog habe ich Lust, Spielsachen zu kaufen, ach, wir haben schon genug von Texel zu Haus, überall steht was, ich möchte das Telefon benutzen: Seid ihr gut zurückgekommen, Doris und Mario? Wenn ich meine Mutter suggestiv GEHTS GUT frage, sagt sie bestimmt JA, bei einem Ferngespräch sagt sie sowieso nur Heiteres, und ich kann zurückrufen: Während ich mit dir spreche, geht mein Blick auf das Meer, das imponierende Meer!

Strand

Das Meer, das ist nun einmal die Szene des Unsicheren, nah dem Wahnsinn benachbart. Des Flüssigen, Ungeformten, des Unkalkulierbaren. An Schlechtwettertagen finde ich das Meer weniger unheimlich als bei Flauten, wenn es öde im glasigen und vor Schwüle flimmernden Licht daliegt, mittags, im Sommer, an den paar touristisch hochbeliebten Hitzetagen, sehr unheimlich, ein Sterbensbild, auch verlockend, das Glauben sei hier leichter, habe ich behauptet; das Meer veranschaulicht, was wir uns im Binnenland nicht vorstellen können: das scheinbar Unendliche, das Immaterielle. Leute mit Meereserfahrung schauen lieber aufs Land. Kapitäne wohnen nicht mit Seeblick.

Kneipe in Oudeschild

Mein Vater ist nicht ertrunken, er ist in seinem Bademantel auf seinem Bett gestorben, ohne äußere Dramatik, aber jedesmal, wenn ich im Sommer ein bißchen bade – rasch, vorgewarnt, kurz – jedesmal dann sage ich zu meinem Vater: Noch nicht, ich komme noch nicht . . . Trostlose Einsamkeit der Meereswüste: ich will nicht in der Saison sterben. Untreu komme ich mir vor, aber kaum, und ich laufe schnell aufs Land zurück. Noch nicht, Vater. – ½ 11 Uhr, 24. 10. Ach ja, wir waren ja noch gar nicht im »Bos en Duin«! Morgen, du, morgen fahren wir in den großen Wald, Kaffee im »Bos en Duin« . . . Freust du dich?

Materialien zum Film

Vor der Kamera

Reiner Wohmann
Luise Guyot
Margarete Lettermann
Evamarie Lettermann
Martha Kant
Elisabeth de Weijer
Martin de Weijer
Frauke de Weijer
Ursula Groll
Erhard Groll
Doris Jacoby
Mario Jacoby

Klavier
Evamarie Lettermann

Kamera
F. W. Geisen
Dagmar Schäfer

Ton
Gerhard Winkler
Michael Gerlach

Schnitt
Brigitte Dombo
Marion Schwartz

Beleuchtungstechnik
Jürgen Richter

Bildtechnik
Edgar Rößler

Produktionsleitung
Peter Klinkenberg

Redaktion
André Kruse

Regie
Gabriele Wohmann

Musikliste

		Seite
1	*Zu Anfang/Garten, vor Textbeginn:* Johann Sebastian Bach; Wohltemperiertes Klavier, Präludium Nr. VI bis Ende; *Bild: Abschied Tür*	9
2	*zu Stichwort: ». . . Abendübprogramm«:* Robert Schumann; Kinderszenen, op 15, Nr. 1 (»Von fremden Menschen und Ländern«)	9
3	*Stichwort: ». . . Evamarie, die viel Schwierigeres spielen könnte . . .«:* Joseph Haydn: Minore, a-moll	10
4	*Stichwort: zwischen Goethe, ». . . großen Trennungen . . .« und »Wenn ich ein Kind gehabt hätte«:* Robert Schumann: Album für die Jugend, Nr. 6 (»Armes Waisenkind«)	13
5	*ab: »Hausboote« bis »Wartehäuschen«:* Johann Sebastian Bach: 12 kleine Präludien, Nr. 3	18–19
6	*Textmitte, etwa: »Leistungsgefühl . . . hinein ins Wasser . . .«* Robert Schumann, Album für die Jugend, Nr. 25 (»Nachklänge aus dem Theater«)	21
7	*Autofahrt:* Johann Sebastian Bach, 12 kleine Präludien, Nr. 3 (Anfang)	24

Reiner Wohmann, Mario Jacoby

Gabriele Wohmann

Reiner Wohmann, Gabriele Wohmann

Friedhelm Geisen (Kamera), Gabriele Wohmann, Dagmar Schäfer,
Mario Jacoby, Reiner Wohmann

Reiner Wohmann, Gabriele Wohmann, Friedhelm Geisen

Doris Jacoby, Reiner Wohmann, Gabriele Wohmann

Margarete Lettermann, Evamarie Lettermann, Luise Guyot

Margartete Lettermann, Luise Guyot, Evamarie Lettermann

Gabriele Wohmann, Mario Jacoby

Paul Daniel Guyot

Photonachweise: Doris und Mario Jacoby, André Kruse, Ludwig Kreitner

Das Aufscheinen der Vergangenheit in der Gegenwart

Jetzt, nachmittags gegen fünf, im kleinen, vom Meeresklima zerrupften Wald mit den niedrigen Kinderbäumen, jetzt hier im Schutz der Dünen – aber das Meer kann man hören – jetzt richte ich es so ein, daß ich hinter dir hergehe. Ihr fangt an, euch ähnlich zu sehen. Von euch geht eine ähnliche Wirkung aus. Unser gemächlicher Gesprächsstoff stört die Täuschungen nicht: wir bewundern die kurzstämmigen Eichen und das spezielle Grün der länglichen Blätter, diese Inselsorte, und loben Farn, Grasbüschel, Moos im Unterholz, wir bemitleiden die sturmschiefen Kiefern. Wenige Sätze, könnten vom Vorjahr sein, wir kennen den Text, er interessiert uns trotzdem, schon übermorgen kann man wieder über hecken- und buschreiche Anpflanzungsmethoden reden, und dich wünsche ich mir von hier nicht weg, so sehr ihr auch anfangt, euch ähnlich zu sehen, nein, ich wünsche mir nicht an die Stelle meines Mannes da vor mir auf dem Weg meinen Vater, der aber, durch kleine, vorsichtig-neugierige Bewußtseinsverwandlungen anwesend ist. Für uns beide anwesend, für meinen Mann auch, sobald ich ihn in meine Integrationen von IRGENDWANN und JETZT einweihe. Schon bleicht die übereifrige und aufgeregte Tagesbeleuchtung aus, ENDLICH ENDLICH KOMMT EINMAL, schon ähnelt der Nachmittag dem Abend, und die Gegenwart ist ein Beruhigungsgemisch aus früheren Zeiten, der Seele so angenehm, daß sie sich sogar auf etwas Zukünftiges einlassen möchte: Gespannte Erwartung – worauf? Genauer will ich jetzt nichts unbedingt wissen, ich genieße das Gehen in der Gesellschaft sehr leibhaftiger Trugbilder so vor mich hin, ihr fangt an, mich in den Eindruck völligen Beschütztseins einzuhüllen. Was gibt's heute abend zu essen? Nie, auch nie zu Belehrungszwecken nie, Kinder überführt, reingelegt, mein Vater, du hast mich in deinem ganzen Leben nie gekränkt, daß du mich geliebt hast, hat mich außerordentlich anspruchsvoll gemacht, und Sorgen habe ich keine mehr, jetzt nicht, ähnliche, ähnlich grünliche Trenchcoats, auch eure Mützen ähnlich, wie gut bewacht ich bin. Als Kind kam ich gedankenlos mit dieser Empfindung aus. Jetzt mache ich sie mir bewußt und spiele sie überdeutlich nach.

Das ist der Texel-Effekt. Friedenstiftend und gleichzeitig belebend. Nach den Dreharbeiten zu meinem Tagebuch-Film kenne ich ihn erst recht.

Ich bleibe ein paar Schritte weiter zurück und fühle mich in dieser Momentaufnahme wie nach Haus gekommen. Mein Mann auf dem engen Weg im Wald übertreibt den Nachmittagsausflug nicht, schon sind wir auf dem Rückweg – mein Vater, uns voraus; wirklich, euch miteinander verwechseln, das tue ich nicht, bestimmt nicht, aber ich nutze die Wiederholung aus, im Einsickern des Vergangenen zeigt sich dem Bewußtsein eine Gleichzeitigkeit, die mit dem Tod aussöhnt. Vorübergehend, nur jetzt. Jetzt noch, schnell ehe wir die Dorfstraße erreichen, könnte ich mir einen Kinderwunsch ausdenken, und mein Mann würde mitspielen.

*

Nur in den Texelferien bin ich so, rückwärts nach vorne gewandt, sonst, zu Haus, habe ich keine Zeit, bin ungeduldig, lebe nur in Schnappschüssen zwischen Morgen und Nacht, leider ja wohl aus Furchtsamkeit und Unruhe. Keine Zeit zu haben ist nur ein Vorwand; schnell will ich zweimal am Tag von meiner Mutter wissen, wie es ihr geht, wehe, es geht nicht so gut, wie ich es hören möchte. In der Texel-Gemütsverfassung riskiere ich vergnügt die Gedankenspiele mit denen, die noch leben, ich nehme sie mir alle vor, jedoch ausschließlich in meinen Inszenierungen ihrer guten, zufriedenmachenden Bedingungen. Hier kann ich unsere Vergänglichkeit überlisten: dort am Tisch in der Hotellounge sitzt meine Mutter und erwartet uns nach unserem Spaziergang, sie hat es sich währenddessen nach ihrem Geschmack bequem gemacht. Im Garten bei ihren beiden jüngeren Schwestern: nun lasse ich sie dort mit einer Stickarbeit Fortschritte machen, nein, daß sie über müde Beine, über das Alter, über ungeschickt gewordene Hände klagt, das kann ich bis hierhin nicht vernehmen, im Gegenteil: mit überaus versierten Händen hilft sie mir und meinen Geschwistern beim schnellen Umziehen, vielleicht aus nassem Badezeug in warme Sachen, sie frottiert unsere kleinen, selbstsüchtigen Körper, etwas Gutes zu essen wird sie gleich verteilen, mit absolut nicht müden Beinen macht sie dann mit meinem Vater einen Spaziergang entlang des Flutsaums – weit weg gehen die beiden, auf die todsicherer Verlaß ist, denn in exakt dem Moment, in dem wir ihrer bedürfen, werden sie bei uns sein, todsicher.

*

Von uns allen in der Familie ging mein Vater am liebsten spazieren. Auch nicht exzessiv, so wenig wie jetzt mein Mann. Wir gingen mit, denn er wünschte sich Familiengesellschaft, die ihm, obwohl sie selten sanft und ruhig war, doch dabei nützte, mit seinen Gedanken allein zu bleiben. Das Spazierengehen, und zwar lieber in Begleitung als allein, rangierte unter seinen anderen Tagesbedürfnissen ganz oben und hing übrigens mit dem Lesen, mit dem Beruf, mit dem Nachdenken, mit der Familienliebe, also mit Sorge, Erleichterung, Glück und Unglück, Befürchtung und deren Umarbeitung in neue Zuversicht eng zusammen. Wie meinem Vater in den Nachlaß für seine Kinder aufgeschrieben, fällt mir Iphigenies Stoßseufzer ein: »Wohl dem, der seiner Väter gern gedenkt.« Gern gedenkt! Ist das nicht zu spröde und zu selbständig-distanziert? Die Kinder meines Vaters, erwachsene Menschen, wagen sich beispielsweise nicht an ein Tonband seiner Stimme heran. Gerhard, mein ältester Bruder, hat es während eines Telefonats mit meinem Vater aufgenommen. Die Angst vor zu praktischer Vergegenwärtigung hat uns alle noch längst nicht verlassen, nach mehr als zehn Jahren immer noch nicht.

Jetzt, weiter im Wäldchen – es ist Spätherbst und Radfahrer stören uns kaum noch – jetzt zitiert mein Vater ein Goethe-Gedicht, jetzt fallen wir ihm, weil er das voraussieht, ins Wort, das gehört ins Ritual. Gern hören wir ihm ja zu, doch ihn aus dem Konzept zu bringen, entspricht unserem Spaziergangsglück, und durch das gewinnen wir die Heiterkeit, das Seufzen meines Vaters über seine Störenfriede paßt ebenfalls in diese Spielregel, wir alle lachen, bis er einstimmt, und das hat er von Anfang an so gewollt: vergnügt sein mit uns.

*

Besonders mein Mann war darin immer geschickt, meinen Vater beim Zitieren zu unterbrechen, mit imitierten Goethe-Steigerungen simulierte er ein Duo, und Martin, mein jüngster Bruder, eiferte ihm nach und applaudierte. Jetzt ist es mein Mann, der sich und mich, uns beide auf dem Waldweg Übriggebliebene, an Zitatbruchstücke erinnert. Lachen können wir daraufhin immer noch. Immer noch folge ich dem Mann im grünlichen Trenchcoat mit der braunschraffierten Mütze auf dem Kopf. Gegen die Welt in diesem Bildausschnitt werde ich sanft und freundlich. Vom gegenwärtigen Augenblick mit seinen Vergangenheitsingredienzien fühle ich mich einmalig richtig eingerahmt. Vorübergehend bin ich so aufgehoben, wie ich es war, als ich noch nichts davon bemerkte. Zu ein paar übersichtlichen Kinderverantwortungen sind meine Erwachsenenverantwortungen verkleinert. Alles Schwierige wäre im Notfall sofort zu delegieren. Für den restlichen Tag nimmt mich das Sicherheitsempfinden ein, und ich freue mich auf jede kommende Minute, aber ohne Fanatismus. Über den Abend hinaus bis in den Anfang der Nacht: Vorfreude. Nur keinen Übereifer! Ich rede mir zur langsamen Gangart der Gefühle zu. Was machen wir heute noch? Wohin gehen wir später? Wie wäre es mit dem Grünen Viertel und einigen Rundgang-Variationen? Die Pferde grasen in der Dunkelheit. Mir könnte man, zum Einschlafen, noch eine Geschichte erzählen. Doris, Schwesterchen, was spielen wir denn noch, um besser einschlafen zu können? Welches Programm ist an der Reihe? Unser Repertoire ist groß. Jagen wir hinter dem Traumlandzug her, versuchen wir, aufzuspringen? An welchem Fortsetzungsstoff arbeiten wir weiter? Du hast, als die zwei Jahre Ältere pflichtbewußt, die gründlicheren Erinnerungen, meine sind zersplittert und planlos, vielleicht manchmal falsch plaziert, gewiß war ich einfach zu glücklich und zu sorglos, um Andenken ordentlich ins Gedächtnis einzuspeichern. Ich könnte dich jetzt, mitten in meinem Satz hier, bei dir zu Haus in Zollikon anrufen, und bei welcher erwachsenen Arbeit du dich auch abhetztest, du würdest mir engagiert mit Auskünften helfen, froh wärst du darüber, daß ich mich in einem autobiographischen Familiensinn mit uns von früher beschäftige: mit einem Liebesdienst gegen die elendmachenden Annullierungen des Zeitvergehens.

*

Auch auf dem Waldweg, hinter dem Mann mit der Ähnlichkeit her, kann ich ein Telephonat planen, ich überlegte doch vorhin den Kinderwunsch. Ich stelle mir meine Schwester vor, jetzt wird es bald Abend, aber sie sitzt noch vor ihrer Bildschirmkartei in der ETH, sie hat noch die Autofahrt durch den Großstadtverkehr nach Haus vor sich; wie gern sie mit mir tauschen würde! Nach Nordseeluft und Spaziergängen hat sie immer Sehnsucht. Sie freut sich aber, falls ihr das nun einfiele, über unsere Ferien, wie durch Stellvertretung. Wenn mein Mann und ich am Meer auf Texel sind, dann ist das auch für sie eine Maßnahme gegen den Alltagstrott.

*

Seit dem Tagebuch-Film sind wir vier, meine Schwester und mein Schwager, mein Mann und ich, an Texel noch anhänglicher geworden, an unseren Viererzusammenhang aber auch, so als sei er uns, durchs Dokumentieren in Bildern und Sätzen, wirklicher geworden.

*

In diesem Moment im niedrigen Wald verwöhne ich mich und muß kein bestimmtes Lebensalter haben, und später, wenn wir auf den Betten im Hotelzimmer liegen, mein Mann und ich, werde ich zwar kein Kinderbuch lesen, nicht so wie früher neben dir, Doris, aber Turgenjew oder Kierkegaard – langsames Lesen – werden mir leicht sein, und deshalb doch wie Kinderlektüre, ich lese vor und wieder zurück, aus Anhänglichkeit an Lieblingsstellen; Gottes zu bedürfen, nur dieses Verlangen, macht die Vollkommenheit des Menschen aus – hier kann man eine lange Pause einlegen, lang und sogar mit sich selber zufrieden abschweifen, der Bedarf an Gott ist groß und damit ein Ziel erreicht, und mit einer gegen mich selber grimmig-frohlockenden Befriedigung präge ich mir mich selber ein: »Ich bin ein unnützer Diener.« Wie auch diese Übereinstimmung und Absichtserklärung – auf einer anderen Ebene als die mit der Gegenwart verschmolzene Kindheit mit ihren Verkleinerungen – mich mitsamt meinen Plänen, Ehrgeizigkeiten, Lebenslauf-Anstrengungen geduldiger und genügsamer macht und immunisiert. Doris: habe ich manchmal mit etwas zu hochgegriffener Lektüre vor dir angeben wollen, während du ganz und gar ehrlich warst und Bücher über Bären oder Kinder ohne alle Selbstbeobachtung wirklich genossen hast, vertieft warst darin, zwei Jahre älteres Schwesterchen, das meine Verstiegenheiten ertragen mußte, stets ein bißchen wachsam? Genuß bei uns beiden.

*

Es geht mir nach der Arbeit an dem Tagebuch-Film anders als mit anderen Arbeiten, die ich abgeschlossen habe, dann vergesse. Gut für mich, gut für unsere Liebeswahrheit in dem Film, daß ich gegen deine Scheu vorm Photographiertwerden verstoßen und eine Großaufnahme von dir, Doris, durchgesetzt habe. Doris, die sich auf dem Monitor bei den jeweils abendlichen Vorführungen des tagsüber gedrehten Materials im Hotelzimmer des Kameramanns zusammen mit dem ganzen Team zusieht, meistens schweigt, später aber erklärt: Die Brille beherrscht mein Gesicht total. Schrecklich. Es stimmt aber nicht! Deine Augen pur allerdings, die sind doch jedesmal eine Überdosis. In einem Text über dich, ich weiß nicht mehr worin, habe ich geschrieben: Sie hat, von der ganzen Familie, die schönsten Augen. An die Augen meines Vaters muß ich denken, ehe ich das Erinnern riskiere, und dann will: an seine Augen denken.

*

Er setzt die Brille ab, hat heute Heuschnupfen, er wird die Augen mit Borwasser beruhigen, wir sitzen am Teetisch in der Veranda vom ehemaligen großen Pfarrhaus, zu wievielen wir sind, weiß ich nicht; es ist nicht die vollständige Familie, nur meine Eltern bleiben als Konstanten; und meine Mutter, ein Mensch ohne Hintergedanken, hat vorhin meinem Vater geglaubt, als er behauptete, er habe heute gar keinen Appetit. Wir interpretieren seinen betrübten Ausdruck richtig, das ist nicht nur der Heuschnupfen, weswegen er zurückgezogen und betrübt wirkt, und nicht nur die Unlust, nach dem Tee nicht spazierengehen zu können: er wird noch einmal im Büro gebraucht. Er hat doch Appetit! Er vermißt seine Portion Gelbwurst! Die Gelbwurst wird serviert. Mein Vater setzt über seine wie bei meiner Schwester beinah zu schönen, merkwürdig ergreifenden, großen Augen seine randlose Brille und nimmt Messer und Gabel, mit einem wissenschaftlichen Eifer verzehrt er die Wurstportion, ißt nebenher eine Scheibe Brot mit Butter – es geht ihm viel besser. Daß er ein bißchen ausgelacht wird, irritiert ihn nicht, auch die Teetischszene ist eine gewohnte Darbietung mit ähnlichem Vorspiel, ähnlicher Durchführung, ähnlichem Schluß, nur meine Mutter wird sich unverändert wundern und fragen: Warum hast du das nicht gleich gesagt? Wenn sie Lust hat, etwas zu essen, dann ißt sie, kein Theater spielt sie sich vor, und die Tageszeit muß nicht passen, es ist kein Stilbruch, falls es sowieso bald Abendessenszeit ist und sie trotzdem zugreift, und die Stimmung wird nicht beeinflußt; und weil mein Vater ihre Spontaneität genießt, vergißt er nie, einen umfangreichen und vielseitigen Süßigkeitenvorrat im mittleren, zum Schreibtisch mit sechs Seitenschubfächern aufklappbaren Barockschrank zu bewirtschaften. Nach dem Mittagessen Süßigkeiten an die Familienmitglieder zu verteilen, ehe sie sich zu Mittagspausen zurückzogen, hat ihm Spaß gemacht.

In den Sommerferien am Meer hat er für den Luxusanteil bei den Lebensmitteln gesorgt. Für Kuchen, Schokoladensachen, auch für Spirituosen.

*

Viele Programmpunkte spielen wir getreulich nach, als alleingebliebene ehemalige Kinder, aber das Verwöhntwerden ist doch vaterlos geworden. Wir müssen es am Aussterben hindern.

*

Bei den Spirituosen wurde das Verwöhnen ein wenig zweifelhaft. Den Wünschen seiner Kinder, leichtfertigen Wünschen ebenfalls, konnte so ein Vater nie widerstehen. Er hat geseufzt, den nächsten Kasten Bier aber bestellt, die neue Whiskyflasche stand bereit für mich, die James Joyce, Ulysses, in seiner bibliophilen Ausgabe lesend, mit Whisky besonders hochschätzte. Unter dem Stichwort Vater, und weil Goethe zu meinem Vater wie ein Existenznachbar paßt, lese ich in WILHELM MEISTERS WANDERJAHRE so etwas wie ein Motto für ihn, dem es jedoch mehr Disposition als einstudierter Vorsatz war: »Väterlicher Milde bleibt nichts übrig, als die Fehler der Kinder, wenn sie traurige Folgen haben, zu bedauern und, wo möglich, herzustellen; gehen sie läßlicher, als zu hoffen war, vorüber, sie zu verzeihen und zu vergessen.«

*

An einem Schreibtisch vor vielen aufgeschlagenen Büchern, auf einem Liegestuhl, Bücher und eine Kaffeeportion in Reichweite, beide Positionen in der Bibliothekskulisse seines geräumigen Diensthauses: dort sehe ich meinen Vater an seinen Idealorten, und jetzt tritt jemand von uns ein, eines der Kinder – in welchem Alter auch: sein Kind – und ihm immer willkommen. Obwohl er gelesen hat, willkommen. Freundlich begrüßt. Welcher erwachsene Mann sagt nun noch einfach JA MEIN LIEBES zu mir? Nie haben wir bedacht, ob wir ihn womöglich stören würden. Er bereitete einen Vortrag vor, machte sich Gedanken über eine Predigt, sammelte Material, las für sich selber – nein, wir würden ihn nicht stören, die Gewißheit, er sähe uns jederzeit gern, erweckte ein dauerhaftes Vertrauen; wir blieben die Hauptsache, die Hauptpersonen, wir kamen in allen Büchern vor und er nahm uns beim Lesen mit, also konnten wir ihn ja gar nicht unterbrechen.

*

Ein Vater für Kinderspiele warst du nicht, aber ein Vater für die Ermöglichung von Kinderspielen, der warst du immer. Ein Vater, dem man Geständnisse machte, warst du auch nicht, doch hast du sowieso Bescheid gewußt und uns durch Liebhaben beigestanden.

*

Deine Photographie im Regal kommt im Tagebuch-Film ins Bild, wenn ich im Text den LIEBEN GOTT anrede und mit meiner Dauerbitte um Stillstand nicht in Kierkegaards Sinn bete. Daß ich immer noch LASS ALLES BEIM ALTEN sagen kann, jetzt auch noch, viele Jahre nach deinem Tod, Vater, ich hoffe doch von mir, wie deutlich das für deine Nachwirkungen spricht.

*

Ich wußte vorher nicht, wie autobiographisch und mit wie vielen Familienreminiszenzen, wie sehr ein Liebesfilm aus diesem »elektronischen Tagebuch« würde. Auf meine »Autobiographiephobie«, in Čechovs guter Gesellschaft, habe ich immer gesetzt. Von mir möchte ich eigentlich nichts erzählen, nicht mündlich, und nicht, wenn ich schreibe. Schon bevor ich aber ein Konzept für den Film auch nur ahnte, riet ich mir: Bring Szenen aus deinem wahren Liebeszwang, aus dem unauflösbaren Zusammenhang mit den Verwandten da hinein.

*

Die Vergangenheit fällt mir nicht in langen Sequenzen und in abgeschlossenen Episoden ein, immer nur wieder in Splittern und Bruchstücken, und Empfindungen von früher erlebe ich in Wiederholungen und als Zitate.

*

Ich will diesmal nicht jetzt, nicht ganz und gar nur jetzt, auf diesem Bahnsteig warten, ich lege es darauf an, dich, Vater, die Treppen der Bahnhofshalle zu mir auf meinen Bahnsteig hinunterkommen zu sehen: zum gespielten Überraschungsabschied. Wir wohnen nicht mehr zusammen, du lebst im Ruhestand in einer Notwohnung, bis dein eigenes Haus fertig ist für dich, meine Mutter, meinen Bruder Martin und die Tante Johanna, deine alte Schwester, für die du seit dem Tod deiner Mutter die Verantwortung übernommen hast; seit ein paar Jahren sind mein Mann und ich selbständig geworden und wohnen für uns allein, aber die gemeinsame Stadt haben wir nicht verlassen, wir telephonieren täglich zweimal, wir besuchen euch kleingewordenen Familienkern nicht mehr oft genug, wir haben so viel zu tun – du nimmst uns nichts übel wie von jeher, kennst aber noch immer meine Dienstreisepläne, du bist den weiten Weg zu Fuß hierhergekommen, du Spaziergänger, nun allein, auch mit Sorgen, und nun überreichst du mir auf dem Bahnsteig die Tafel Schokolade, die zum Spiel gehört.

*

Das Kursbuch studiert nicht mehr mein Vater für mich, das Kursbuch studiert mein Mann für mich; in eurer Gewissenhaftigkeit und wie ihr die Brillen anschiebt und Lupen benutzt, Zahlen deutlich ausmalt, ähnelt ihr euch, Kursbücher und Waldwege und Regenmäntel verlocken zu Gleichzeitigkeitsvorspiegelungen, und beide fragt ihr nach meiner Rückkehr: Haben die Züge gestimmt? Nur so kann ich überhaupt reisen, entscheide ich stumm definitiv. Auf nichts wird mehr Verlaß sein, ohne euch beide.

*

Immer in den Meeresferien, seit vielen Jahren allein mit meinem Mann und erwachsen dem Anschein nach, immer in diesen geruhsam und gleichmäßig unterteilten Augenblicken der Meeresferien vermischen sich Lebenszeiten, und ich bin auch, wenn ich es so einrichte, diejenige von damals, von irgendwann mit der mehr oder weniger kompletten Familie am Meer, diejenige, die, vom Vater mit einer Flasche Whisky versorgt, in einem Zimmer mit kaum Seeblick über eine Frau mit Whiskyflasche eine Kurzgeschichte schrieb. Die Frau aus der Kurzgeschichte bin nicht ich gewesen. Meine Familie habe ich, schreibend, weggedacht, damit die Frau unglücklich sein könnte.

*

Noch viel früher: zusammen mit meiner Schwester beschimpfte ich auf Rückfahrten in Richtung Süden das stickige, häßlicher werdende Binnenland – wir kamen aber doch nicht ungern nach Haus? Warum haben wir uns so ungern vom Meer getrennt? Nicht nur mit dem Unwillen über die beginnende Schulzeit hing unsere Abreisephobie zusammen. Die glücklichen Hinwege, die aufgeregte Erwartung des Meers, kaum noch auszuhalten einige Kilometer vor der Küste! Dann der erste Anblick: große, imponierend breit hingestreckte, abweisende, schöne, öde Wasserlandschaft. Weil ich es so will, geht es mir heute noch so, kurz bevor wir an einem Abschlußdeich ankommen, und ich empfinde die Kinderneugier nach: wie sieht das Meer aus?

*

Zornige Rückkehr jedesmal zu unseren Kinderexistenzzwängen, die von der Welt jenseits des Pfarrhauses, dieses Widerstandsnestes, gemacht wurden. Vor dem Haus steht mein Vater und verteidigt die Idiosynkrasie seiner Kinder gegen die pflichtmäßigen Angebote der Nazizeit, Angebote für Kinder. Dieser Vater, ein für den freundlich-liebenswürdigen Umgang geschaffener Mann, er würde standhaft bleiben, ohne laut zu werden, aber völlig unzugänglich gegenüber dem Drängen des Mädchens in Uniform, das meine Schwester und mich zum Nazidienst abholen will, und mein Vater bäte das Mädchen um keinen Schritt näher ans Haus, er, dieser Freund von Kindern, nein, er bliebe, wenn nötig, für immer so abschirmend vor seiner Haustür stehen. Ein Vater fürs Beschützen. Als Theologe jetzt, bei der Notlüge – es gehe seinen Töchtern nicht gut, oder was sonst er erfunden haben mag – doch im Recht. Schlechtes Gewissen kann ihn dabei nicht gequält haben, denn er log um seiner Kinder willen, die Wahrheit als Rückhalt. Meine Töchter fühlen sich nicht wohl. Alle beide? Aber gewiß, ja. So stramm wie das Mädchen vor der Haustür würden meine Schwester und ich nie irgendwo stehen, und solang das Mädchen uns einforderte, fühlten wir uns ja auch wirklich nicht wohl, aber gesund waren wir, und wenn das Mädchen wegginge, würden wir frohlocken, an diesem Nachmittag, als mein Vater uns vor dem sogenannten Jungmädel-Dienst bewahrte.

*

Ich sehe diesen Szenenausschnitt gern. Mir symbolisiert er die väterliche Intelligenz, die Liebe zu seinen Kindern und unser Vertrauen, und den festen Verlaß, der auf ihn in jedem Notfall war.

*

Doris und ich, wir beide haben die zwei »Dienst«-Nachmittage in der Woche gefürchtet und gehaßt. Als Kinder hätten wir nicht politisch argumentieren und genau erklären können, worauf unser Mißtrauen und unser Abscheu sich gründeten, ganz instinktiv umfaßte unsere Verachtung die gesamte Nazi-Widerwärtigkeit, die wir doch nur als vereinzelte Ansinnen erfuhren. Wir machten keine Ausnahmen und nichts lockte uns dort irgendwohin.

*

Mich überzeugt die gängige Interpretation kindlichen Mitläufertums als kindlicher – also natürlicher, also zu bejahender – Neugier und Aufgewecktheit überhaupt nicht. Ausgerechnet Kinder, deren Verstand das Lügenpensum noch nicht gelernt hat, ausgerechnet diese hellhörigen, aufnahmeemp-

findlichen kleinen Anfängermenschen im Stadium vor den lebensnivellierenden Abgebrühtheiten, ausgerechnet die sollten für stumpfsinnige Überrumpelungen besonders empfänglich sein? Das wäre besonders deprimierend. Gewiß hat der Geist des Elternhauses bei unserer Rebellion mitgewirkt – derjenige Widerstandsgeist, den wir im Kinderalltag miterlebten: meine Mutter grüßte beim Einkaufen nicht nazideutsch, sondern sagte GUTEN MORGEN, unsere Eltern waren nicht, wie andere Eltern, irgendwelche Mitglieder, sondern sie wirkten wie Vereinzelte auf uns, unser älterer Bruder mußte mit Attesten gegen die Vereinnahmungen zu »Jungvolk«, später Militärdienst unangreifbar gemacht werden. Mein Vater, als Theologe, war nie von beruflichen Anfeindungen frei, seine Arbeit blieb gefährdet, und wir Kinder, mit Eltern, die uns so freundlich pure Kinder sein ließen, kümmerten uns wenig darum, und doch hat gewiß dieses Klima des Protests unsere Ablehnung unterstützt. Aber ich bestehe auf dem angeborenen Einzelgängertum und auf einer gefühlsmäßigen, dem Naturell entstammenden Animosität gegen den verordneten, ideologisch widerwärtigen Gemeinschaftszwang der »Spiele«, Märsche, Appelle, Gruppengesänge.
Verständnislos und mit Widerwillen höre ich den geläufigen Kinder- und Jugendlichen-Entnazifizierungen zu: Ganz natürlich, daß man auf die Naziofferten für Abenteuerlust und Unternehmungsgeist begeistert reinfiel . . .
Uns, meine Schwester, meinen älteren Bruder und mich, uns hat mein Vater vor der angelehnten Haustür gegen diese Welt verteidigt. Wir lauschten im Hausinnern, zuversichtlich, gespannt, triumphierend.

*

Szenen wie diese würde ich gern verfilmen. Nach den Dreharbeiten zum Tagebuch-Film bin ich wie ohne Dach über dem Kopf. Aber ich verliere den Schwung für meine eigene Verfilmungswehmut, wenn mir einfällt, daß ich für meinen Vater keine Besetzung wüßte.

*

Du kannst nur noch als Photographie mitspielen. Meine Mutter aber, sie wäre da – habe ich sie im Film zu einer Winkenden reduziert? Ohne sie ist ja die Widerstandskraft meines Vaters gar nicht denkbar. Eine tagtägliche Ermutigerin ist sie ihm gewesen. Bei der Szene vor der Haustür muß sie in der Nähe gewartet haben. Beim Erinnern wird viel gemogelt, denke ich meistens, wenn ich Autobiographisches lese. Nur zerstückelt blendet die Vergangenheit sich ins Bewußtsein, und die Einstellung »Haustür mit dem Abwehrvater«, drin die lauernde Familie, ist jedesmal auf Abruf gegenwärtig. Und wieder will ich überhaupt nicht an die verharmlosende Zwangsläufigkeit glauben, mit der die Nazizeit-Kinder eifrige kleine Nazis wurden, Gruppenführern hinterherlaufend. Meine Geschwister und ich, wir mit unserem Instinkt für die Opposition, von den Eltern nicht dirigiert, wir zeugen gegen diese Banalisierungstheorie, die eine Ausrede ist.
Ich höre die Einwände: Ihr habt gut reden, ihr hattet ja genug Spielsachen, auch Platz und Freiheit im großen Haus, im großen interessanten Garten, ihr hattet die richtigen Eltern, ja ihr habt demnach gut reden mit solcher Ausrüstung gegen die Macht verführerischer Unternehmungen. Gemeinsam mit andern. In der Gruppe. Schar. Schaft. Zusammen. Bei vielen. Lauter Allergiereizwörter für mich. Gerade diese Bedingungen in ihren Abstufungen der Massenhaftigkeit konnten uns nicht verführen. Wir haßten sie. Wir waren gern allein. Trotzdem sind wir keine Sonderlinge gewesen.

*

Lieber Vater, du mußtest gar nicht Werthers Leiden auswendig lernen, um dein besonderes Kinderverständnis zu schulen: »Meinem Herzen sind die Kinder am nächsten auf der Erde, wenn ich ihnen zusehe, und in dem kleinen Dinge die Keime aller Tugenden, aller Kräfte sehe, die sie einmal so nötig brauchen werden; wenn ich in dem Eigensinne künftige Standhaftigkeit und Festigkeit des Charakters, in dem Mutwillen guten Humor und Leichtigkeit, über die Gefahren der Welt hinzuschlüpfen, erblicke, alles so unverdorben, so ganz! – immer, immer wiederhol' ich mir die goldnen Worte des Lehrers der Menschen: Wenn ihr nicht werdet wie eins von diesen! Und nun ..., sie, die unseresgleichen sind, die wir als unsere Muster ansehen sollten, behandeln wir als Untertanen. Sie sollen keinen Willen haben! – Haben wir denn keinen? Und wo liegt das Vorrecht?«

*

Wenn das Erziehung ist, bei meinem Vater, der meine Mutter dämpfte, weil sie doch manchmal aktiver eingreifen wollte und alles Resignative ihr fern lag, dann ist es wie ein Zitat aus HERMANN UND DOROTHEA, und vielleicht – ich könnte mir vorstellen, es gehört zu haben – hat er seine Denkart und Haltung mit Goethes Sätzen gerechtfertigt; zumindest wir Kinder, wir lebten in der Freiheit, die doch ein Schutzwall und eine Geborgenheit war, dieses Leitmotivs: »Wir können die Kinder nach unserem Sinne nicht formen: so wie Gott sie uns gab, so muß man sie haben und lieben, sie erziehen aufs beste und jeglichen lassen gewähren.«
Bequem hört sich das nur an. Dem Gefühl der Liebe kann aber die derartig souveräne Toleranz nicht immer leicht werden, nicht in allen Lebenslagen. Unter dem »Gewährenlassen«, oft auch gegen sein besseres Wissen und seine

Lebenserfahrung, wenn wir nämlich töricht, leichtsinnig, unvernünftig waren und Fehler machten, unter so viel Duldung als Geduldsprobe hat mein Vater sicher häufig gelitten. Eine Wahl blieb ihm aber nicht.

*

Als ich in einem sehr frühen Stadium und noch in weiter Entfernung von der Drehzeit an den Tagebuch-Film dachte, der UNTERWEGS heißen sollte, wußte ich: mit Abschied und durch Zärtlichkeiten, durch Beteuerungsworte getarntem, damit aber auch gemildertem schlechten Gewissen müßte er anfangen. Verwandte müßten auftreten. Mit ihnen meine Trennung. Über die Utopie, bindungslos zu leben, also sorglos, denke ich mit neidischem Vergeblichkeitsgefühl von Zeit zu Zeit nach, kurz sehnsüchtig, schnell wieder realistisch, lang schuldbewußt, und diese Empfindungen mache ich natürlich erst mit, seitdem wir alle, jeder in seinem Jahrgang, in diese Lebensalter fürs Sorgenmachen gekommen sind. Das Lieben ohne den Sorgecharakter, das absolut angstbefreite Gefühl: so würde mir das Paradies vollauf genügen.

*

Ich bin sicher, daß ich mir als Kind nie Sorgen gemacht habe, anders als meine Schwester. Vielleicht weil sie sich Sorgen machte, habe ich meine Verantwortungslosigkeit genießen können. Auf Ischias, auf eine Erkältung, auf solche Regelverstöße bei den Eltern wie durch leichtes Kranksein, mit dem sie für kurze Zeit aus ihren tragenden Rollen verschwanden, auf meine Mutter, die sich vom Haushaltsregiepult womöglich morgens schon in ein Krankenbett zurückzog, habe ich mit Entsetzen und ohnmächtiger Wut reagiert.

*

Diese Art von unbesorgtem Kind bin ich lang geblieben. Unbesorgt um die Sorgen der Eltern, um fremde Sorgen und um Sorgen, die ich selbst verursachte, bin ich nach der Kindheit jung und unseriös gewesen, wegstrebend von zu Haus, weil auf das Zuhaussein so viel und so prinzipiell Verlaß war. Aller Vergebungen gewiß, des gnädigen Umgangs miteinander sicher.

*

Am 30. Juli 1838, im Brachland zwischen Bauernweiden und dem Wald im Hintergrund, bei einer Retrospektive auf sich als Kind, schrieb Kierkegaard in sein Tagebuch: »Es geht mit der Auffassung der Kindheit wie mit der Auffassung einer schönen Gegend, wenn man rücklings fährt, man wird des Schönen in ihr erst recht gewahr in dem Augenblick, im selben Nu, wo es zu verschwinden beginnt, und das einzige aus jener glücklichen Zeit, das ich noch behalten habe, ist: ZU WEINEN WIE EIN KIND.«

An mein WEINEN WIE EIN KIND mich zu erinnern, kommt einer Tröstung gleich, das Sedativum wird verabreicht: mein Vater findet mich. Mein bekümmertes, erhitztes, in eine Kinderverzweiflung getränktes Gesicht wird von seinem großen weißen Taschentuch, das nach Farina-Wasser riecht, vor der Welt beschützt und vom Kummer gereinigt. Die Kränkung wandelt sich in ein Glück. Es stammt von der bedingungslosen und gerechten Liebe ab. Ein aufgestocktes Selbstbewußtsein entspringt der vorhin noch so schlimmen Erfahrung, durch die ich geweint habe. Jetzt ist nicht nur alles wieder gut, jetzt ist alles viel besser als vorher.

Mein Vater, der einen Kinderkummer nicht aushalten konnte, hat nie mit Trost und Taschentuch lang auf sich warten lassen.

*

Familienmitglied sein, immer weiter. Ganz früher ohne Kopfzerbrechen. Später glich das Liebhaben einer ständigen Aufgeregtheit, nach dem Verfalls-Datum für die Leichtigkeit, in der Ära für das Sorgenmachen. Die Gier nach Harmonie hat mich selber nicht harmonisch gemacht, sondern angestrengt. Aber inmitten der übereifrigen Erwartung, sie alle, die Lieben, im jeweiligen Arrangement unseres Zusammenseins, sollten sich jetzt unbedingt glücklich fühlen, inmitten dieser strapaziösen Sehnsucht kann sich ein Augenblicksfrieden überscharf bemerkbar machen: jetzt ist ein guter Moment, spüre ich, damals – jetzt am Gartentisch im Schutzwinkel einer Glaswandterrasse vom Hotel Californie in einem der Wäldchen von Texel, gerade jetzt, die Kaffeetassen werden auf dem Tisch abgestellt, mein Vater, der Gastgeber, freut sich, weil jemand von uns doch noch Lust hat, ein Eis zu essen, das bedeutet, der mit der Lust, Eis zu essen, ist in guter Laune, mein Mann steckt den Martin an, den Jüngsten von uns, und während einiger Sommerferienjahre am Meer macht der Martin alles, was mein Mann macht – ja, jetzt ist es lustig, jetzt glückt unser Trick gegen die Vergänglichkeit, und in dieser Einstellung, als Standbild fixiert, können wir überleben.

*

Nur in den Ferien lebe ich so. Ich fahre sonst nicht »rücklings« mit dem Blick auf schöne, schnell verschwindende Gegenden.

*

Auf Texel ergeben sich Retrospektiven von selber: hier sind wir, und da auch, mit den andern zusammengewesen. Mit den Eltern, mit dem Martin und den Eltern, mit Doris und Mario: was für eine gute Idee, Doris und Mario, Schwester und Schwager, lang vor Drehbeginn und noch stegreifartig-ziellos zu fragen: Wollt ihr nicht auch nach Texel kommen, wenn ich den Film drehe? Und Mario hat sofort WARUM EIGENTLICH NICHT geantwortet. Nachträglich bin ich über ihn gerührt. Sein eifriges Interesse hat dem Film genützt, ja, über die Abreise der beiden hinaus, denn ich fühlte mich in dem teils durch das Drehbuch festgelegten, teils bis in jede Minute hinein doch auch immer improvisatorischen Vorhaben bestärkt. »Wie im Leben«, sagen Filmleute zu den geglückten Szenen. Mir kommt die Drehzeit, wenn ich an das Zusammensein mit Doris und Mario denke, wie eine richtigere Lebenszeit vor: in der Gegenwart überanstrengt man sich mit der Gegenwart, und der glückliche Moment ist, während er stattfindet, die Arbeit an ihm, damit er nachträglich, und diesmal beim Film in eine Kunstform gebracht und fixiert sogar zur glücklichen kleinen Ewigkeit, damit er hinterher, wenn die Arbeit getan ist, ein glücklicher Moment sein kann.

*

Vielleicht habe ich deshalb noch nicht genug vom Verfilmen und eine Art Heimweh nach diesem Asyl durch Verwandlung und durch das Festhalten der dauernd vergehenden Augenblicke behalten. Es ist schade drum, es ist so jammerschade drum, denke ich, wenn Lebenszeit formlos, vom Gefühl des Zugetanseins unbearbeitet, geistlos und demnach lieblos abläuft. Wenn sie einfach dahinschwindet, ohne Bewußtmachung. Ohne Schnitt, ohne Farbkorrektur, ohne Tonmischung.

*

Mit Doris und Mario und mit meinem Mann beim Strandspaziergang, in einer Hotellounge, auf einer Restaurantterrasse: wir hielten immer auch die übrige, jetzt fehlende Familie zusammen, indem wir uns zusammenhielten. An Vater-Schauplätzen wirkten wir der Untreue entgegen: durch das Nacherzählen, unpedantisch, bruchstückhaft, in sanft-absichtslosem Memorieren. Die Ansichtskartentexte für meine Mutter und ihre beiden Schwestern, die wir zu viert verfassen, sind hauptsächlich Zeugen gegen unsere Isolierung, lesen kann man sie kaum.

*

Anders als früher kann ich mir heute selber in dieser engen Zusammengehörigkeit zuschauen. Eine Lockerung der Verbindung zwischen uns spüre ich nicht. Es macht mich nervös, euch nicht zu schreiben. Ein Glücksfall: wir haben kurz miteinander telephoniert – mein erfüllter Kinderwunsch vom Waldweg? – und wir sagen uns Günstiges, um unserer gemeinsamen Ruhe willen. Ich muß an Kierkegaards Kapitel GEGEN DIE FEIGHEIT in seinem Buch ÜBER DIE GEDULD denken. Den Geist der Feigheit, den Geist der Verzagtheit, den hat Gott uns nicht gegeben . . . Es geht in jeder Minute um alles. In jeder Minute geht es darum, die Verzweiflung zu tarnen, die Angst zu überlisten.

*

Nach dem gewiß nicht auf die realistische Wahrheit erpichten Telephonat bin ich gern wieder ganz und gar mit meinem Mann allein. Sehr bekömmlich, überhaupt nichts vorzuhaben. Keiner kommt, keiner geht. Alle augenblicklichen Familienszenen, aus denen sich auf einer Art Behelfslandkarte eine einfache kleine Kopfgeographie ergibt – darauf eure verschiedenen Wohnorte, bequem in verkürzten Entfernungen einander nähergerückt – alle eure Konstellationen dieses Augenblicks, jetzt kurz nach dem Telephonat oder nach der Postkarte, kann ich mir gut, wohlig, vorstellen, und ich nehme Elemente davon mit ins nächste Wäldchenversteck, wohl wissend, daß ich mit idealen Einbildungen spiele.

*

Mit dem Spielen möchte ich nicht aufhören. Ich beobachte uns beim Leben, und wenn es mir ausschließlich wie pures Leben vorkommt, empfinde ich ein Versagen. Etwas entbehren wir dann. Dem puren Leben ist nichts abzugewinnen. Wir brauchen Rituale, Spielsachen, einen doppelten Boden, einen Himmel zum Vertrauensgewinn ... GOTTES ZU BEDÜRFEN, IST DIE HÖCHSTE VOLLKOMMENHEIT DES MENSCHEN, und demnach kann ich nicht in kopflos-zusammenhangloses pures Leben einwilligen.

*

Was wir außerdem brauchen, das ist die gute Laune. Woher die gute Laune nehmen, wenn wir ohne Anhaltspunkte und von keinem System gestützt daherleben, so wie es sich gerade ergibt, jeder Stimmung und Verstimmung ausgeliefert? Du, meine Mutter, bist in früheren Zeiten, als wir zu vielen noch in einem Haus wohnten, jeden Tag morgens die erste Person gewesen, die ich getroffen habe, und deine ohne Prätention, jedoch wohl nicht nur zufällige gute Laune hat mich dirigiert und in die bevorstehenden Stunden eingewiesen. Du hättest es dir nie erlaubt, mir mit »purem Leben«, also mürrisch, grußlos, gegenüberzutreten. Vielleicht hast du dir das aber gar nicht erst verbieten müssen, und trotzdem: kein Mensch kann ja, ganz aus sich heraus in seiner allerersten Rohfassung, jederzeit gut gelaunt sein. Wie hast du das gemacht?

*

Wenn dir das Doppelleben mit dem Spiel, das unsere irdisch knirschenden Befürchtungen austreiben soll, heutzutage nicht immer ganz gelingt – du lebst allein, du bist alt – dann »ist mir zumute wie einem Buchstaben, der verkehrt gedruckt ist in der Zeile«, und Kierkegaardsche Daseinsangst an Tagen mit vergeblichem Gottesdialog verstört mich, stört mich: denn etwas ist verkehrt zwischen uns, etwas entgeht uns so lang, bis wir uns wieder dazu aufraffen können, unsere Rollen in unserer Tragikomödie zu spielen – schnell, lachen wir uns etwas vor!

*

Melancholisch konnte ich früher besser sein, mit Genußerfolgen. Verworren schwelgerisch liebte ich als Kind Augenblikke der Melancholie, hinter den Eltern her auf Spaziergängen, allein im Garten, vorübergehend – doch gelang das nur im Bewußtsein von den ganz mit sich zufriedenen Eltern, die mich für meine interessanten, schwermütigen Abschweifungen freisprachen. Keine Balanceakte damals ohne Netz. Alles um mich herum mußte sich in seinem Gleichgewicht befinden. Dann konnte ich mich in Phantasien zu Traurigkeiten hin davonstehlen.

*

Auf der Stelle, jetzt heute morgen, es ist Samstag, möchte ich in Heppenheim bei meiner Mutter und ihren Schwestern anrufen, jedoch ja bloß, um unbedingt heitere Antworten zu hören. Den guten Sopran der Evamarie: Warte, ich ruf dir dein Mütterchen! Es deckt den Kaffeetisch ab! Margarete, die ihre Alt-Stimme verstellt und tief, komisch um ein »Werkstattgespräch« bittet, falls sie mir nicht schildert, wie in diesem Moment meine Mutter etwas Süßes anbeißt. Heitere Genrebilder! Ich möchte, daß meine Mutter sich gar nicht erst räuspern muß und sich gar nicht vor Verblüffung verhaspelt, sondern daß sie sofort diesen Text meines Vaters nachspricht, der auch ihrer ist und den ich von einem erwachsenen Mann nie mehr als erste Reaktion auf mich hören werde: Ja mein Liebes? Kinderspiele mit dem junggebliebenen Personal der Verwandten. Weil ich aber fürchte, mein Wunsch werde vielleicht nicht erfüllt, rühre ich das Telephon nicht an. Es gibt Tage, an denen der Geist der Feigheit und Verzagtheit, den Gott nicht gegeben hat, mich dummerweise dominiert.

*

Tage gibt es, vor allem Nachmittage, an denen die unentbehrliche, die dauernd zu beaufsichtigende Tarnung unvollständig und lückenreich ist, und das Dauerhaftigkeitsspiel scheitert aus Sorge um Verwundungen. Was dann nur noch auffällt, ist die Angst. Bis zur zweiten Hälfte des Satzes komme ich nicht, nicht bis zum ABER, mir fällt nur IN DER WELT HABT IHR ANGST ein, ich sage es einfach nicht, ich füge es einfach nicht hinzu, dieses ABER SEID GETROST, ICH HABE DIE WELT ÜBERWUNDEN. Diese Vergangenheit, weil sie Gegenwart ist, interessiert mich.

*

Denn noch immer und mit einer geradezu ungläubigen Vehemenz will man, daß man lebt. Wie man den Tod überlistet und wie man der Vergänglichkeit allem vergeßlichen und nachlässigen Absinken zum Trotz doch nicht unterliegt, muß ich Tag für Tag repetieren: unendliches Pensum, auf das ich doch jedesmal beim Aufwachen schon neugierig bin.

*

Nützt eigentlich das Erinnern? Vergangenheit um ihrer selbst willen, nützt nicht. Die Erinnerungsmethode einer Maskierung aber nützt. Ich lasse meine Mutter des Jahres 1985 in einem zu warmen, zu engen Innenstadtcafé meine Mutter sein, die mir als meine Mutter im Jahr 1954 bei unserer Morgenbegegnung auf dem Gang im Parterre des Pfarrhauses bei offener Haustür so weit überlegen gewesen ist. Sie ist mir immer noch überlegen, obwohl für jeden Fremden der umgekehrte Eindruck entstehen muß. Vorhin war sie auf matschigem Straßenbelag unsicher, vom Arztbesuch ermüdet, doch jetzt übernimmt sie den Cafébesuch als Element aus den Gastgeberzeiten meines Vaters, und sie wagt es, Kuchen zu essen, während ich mir nur spielverderberisch-nervös über den Magen reibe. Und sie ist es, die bezahlen möchte! Das heißt: sie gibt sich Mühe, aus Liebe und im Familiengeist strengt sie sich an, um mir gegenüber die Ältere, die Weltkundigere, die Mutter zu bleiben. Wahrscheinlich geschieht das, weil sie den Spürsinn dafür behält, daß ich mich – daß wir »Kinder« uns im Rollentausch, den das Älter-und-Älterwerden uns lehren sollte, nie ohne Sträuben und Fehlermachen wiedererkennen können. Das Verwöhntwerden: es muß von den Eltern ausgeübt werden, lebenslänglich. Sämtliche Umbesetzungen geraten in die Gefahr, beaufsichtigend oder ängstlich und betulich auszufallen. Mein Egoismus beim Verwöhntwerden durch die Mutter, der ihr ja Anstrengungen abverlangt, sorgt doch in Wahrheit für ihre Identitätstreue.

*

Meine Mutter schickt uns zum 6. Dezember ein Päckchen mit zwei Wurstkringeln und einem Schokoladen-Nikolaus. Wir freuen uns sehr! Die Tarnung, die Verwandlung, Spielerfolge! Wir freuen uns ja nicht hauptsächlich über die Wurstkringel und den Schokoladen-Nikolaus, und für dieses Datum und seine Beachtung sind wir ja alle längst zu alt – wir freuen uns vor allem darüber, daß der Mutter die existenzielle Kontinuität geglückt ist, und sie braucht sich nicht ohnmächtig, nicht zu alt für alles, nicht unselbständig zu fühlen, nicht für an die Hand genommen und an den Krücken der Kinder geführt, jetzt nicht, nicht auf dem Rückweg von der Post. Die traditionenreiche Vergangenheit verschränkt sich in die Gegenwart, gegen deren Behinderungen und Mühseligkeiten sie sich aufgelehnt hat, im Interesse der Kinder. Das ist dann ihres und ist ihre Zufriedenheit: sie muß lachen, wie ich nachher am Telephon schildere, daß wir ein Wurstfest gemacht haben, viel zu viel gegessen!

*

Du kannst also immer noch diese zielstrebige, Impulse gebende Frau aus den früheren Zeiten unserer ersten Morgenbegegnung im Pfarrhausparterre sein, liebe Mutter. Auch immer noch die selbstdisziplinierte Person, an die ihre ratlosen Kinder sich wenden können, einzige Hilfsperson, wenn plötzlich, mitten im Tag, das Spielzimmer wie ein Abbild des

Lebens selber öde und unbenutzbar wird: Mutter, was sollen wir tun? Wie geht es weiter? Mutter, was sollen wir spielen?

*

Schlimm sind also nur die Tage, an denen meine Mutter nicht mitspielen kann. Tage, an denen unsere Imitationen uns mißlingen. Zu den verabredeten Zeiten: kein Telephonklingeln. Todesbotschaftstage, Schreckensvisionstage. Schuldbewußt bereite ich mich vor – aber dann wage ich mich an die Wirklichkeit, das Telephon: Und wieder einmal ist alles gutgegangen, noch einmal, die Gnadenfrist, der Stillstand.

*

Mein Vater, der Mann meiner Mutter, als er der Gastgeber an den Kaffee- und Kuchentischen von früher war: ich erinnere mich an sein Vergnügen, uns beim Vergnügen mit Süßigkeiten zuzuschauen. Das ist ein gemütserwärmendes Verfahren, Behagen in sich selber zu erzeugen: man beobachtet einen geliebten Menschen beim Behagen. Wie gut eignet sich dafür ein Stück Kuchen. Ich möchte den geliebten Menschen beispielsweise nicht dabei beobachten, wenn er eine Bach-Kantate hört, wenn er für sich WANDERERS NACHTLIED memoriert, wenn er nach seiner Methode zu beten versucht. Viel lieber beim Kuchenessen.

*

Heute, im engen und zu warmen Café, bin ich es, die zuschaut, aber wo bleibt der Genuß? Daß uns der väterliche Oberspielleiter unserer kleinen, nachgemachten Inszenierungen doch immer noch so gründlich fehlt, würde von

Psychologen vermutlich als schlecht verarbeiteter Verlust diagnostiziert werden. Ja ich, ich empfinde mein Versagen. Ich verbreite nicht den fürs Genießen unentbehrlichen Eindruck, ein hier und jetzt zur Ruhe gekommener Mensch zu sein, UNTERWEGS bin ich dauernd, der Tagebuch-Film-Titel paßt gut, nachträglich bedacht, auf meine Lebenshaltung, leider. Ja leider leider, liebe Mutter, leider habe ich von nun an kaum noch Zeit; geh doch nach Haus, rät sie mir ja auch schon nach einer halben Stunde, ja wirklich, ich sollte gehen, antworte ich und sitze noch ein bißchen da, dann aber lasse ich sie allein dort an dem kleinen runden Tisch, der Kuchen ist gegessen, der Kaffee ist getrunken, die Rechnung ist bezahlt, der Platz ihr gegenüber ist leer, ich warte nicht mehr auf das Auto, das sie abholt, mein Vater ist nicht dabei – geistig und in der Nachwirkung auf meine Mutter aber doch. Denn wie sonst könnte sie mich gedrängt haben: Du mußt jetzt weg, du hast es eilig, hast viel zu tun, ich sitze gut hier, geh nur, bitte. Er paßt immer noch auf uns auf, auf uns alle, mein Vater.

*

Ohne Abschiedsszene von dir, Mutter, und deinen Schwestern, wäre ein Film, der SEHR PERSÖNLICH von mir handeln soll und UNTERWEGS heißt, verlogen, oder wie gar nicht von mir. Das wußte ich, bevor ich anfing, ein Drehbuch zu schreiben. Der Abschied müßte der Ausgangspunkt sein. Der Abschied müßte immer wieder eingeblendet werden. Zum Wohlfühlen, zum Nichtwohlfühlen, ganz egal, denke ich an dich.

*

Unbeabsichtigt hat das wahrscheinlich nur gewirkt, damals in der großen Familie, das Zuversichtliche deiner Gemütsverfassung, ehe ein neuer Familientag anfing – mit seinen zahllosen Verantwortungen und Anstrengungen, Organisationen, aber auch Freuden – es müssen doch dein guter Wille und deine Gewohnheit, Vorsätze zu fassen, gewesen sein, die sich über uns alle als Ermutigung gebreitet haben. Du warst für den unaufdringlichen Optimismus zuständig, durch den ein Ablauf vom Morgen bis zum Abend möglich wurde. Wir waren Kinder und machten uns von deiner Leistung kaum etwas bewußt, denn das Ideale an dir ist die Selbstverständlichkeit gewesen, mit der wir auf dich zählen konnten; meinem Vater aber ist deine Haltung unentbehrlich, lebensrettend gewesen.

*

Heutzutage telephonieren wir, spätere Morgenbegegnung als früher, es ist zehn Uhr, und du müßtest ja eine Halbunzurechnungsfähige, eine Halbwahnsinnige sein, wenn du jedesmal, heutzutage – du lebst allein, das Alter stört und stört – um zehn Uhr zu Lachanfällen aufgelegt wärst. Wir versuchen aber noch, uns heiter zu machen: Liebesakrobatik, Seelenkunststücke. Manchmal kommen wir über Experimente und matte Reprisen nicht hinaus, doch immerhin: wir geben uns Mühe. Mir zuliebe unterdrückst du diesmal den Erzählstoff vom mühseligen Aufstehen, vom langwierigen Anziehen, von den Schwierigkeiten beim Zubinden der Schuhe. Meistens glückt es dir, mir vieles, das lästig ist und fürchten macht, nicht zu berichten. Neulich hast du abends einen Rockverschluß nicht öffnen können und du hättest beinah noch mit einer Nachbarin telephoniert, um sie zu Hilfe zu rufen, du bist 84 Jahre alt und immer noch alltagstapfer, aber zurückhaltend, und deshalb wärst du vermutlich, hättest du dann doch nicht die Haken aus den Ösen lösen können, mit dem Rock ins Bett gegangen. Die mit Ratschlägen, Trost und relativierenden Hinweisen auf andere Menschen deines Alters kombinierten Antworten deiner erwachsenen Kinder, vier Kinder, vier Ehepartner, die kennst du allesamt. Für deine Kinder bis du, nach mehr als zehn Jahren, hauptsächlich verwitwet, du bist außergewöhnlich allein, weil der für uns außergewöhnliche Mann, dein Mann, unser Vater, der freundliche, empfindsame, gütige Mensch, nicht mehr lebt. Darüber sprechen wir nicht. Weil mein Vater in seinen letzten Lebensjahren oft bedrückt wirkte, nehme ich an, daß er sich um deine Zukunft ohne ihn Sorgen machte. Der anhänglichen und zärtlichen Liebe deiner Kinder zu dir war er gewiß, doch wußte er ebensogut, daß mit ihm das Gesetz der Gnade im Alltag außer Kraft träte.

*

Dort sehe ich uns drei immer noch gehen: rechts die Landstraße, links in einer unbebauten Zone von verwahrloster Zwischenlandschaft johlten hinter ihrem Bretterverschlag Sportler, in der Mitte auf dem Fußweg neben den Gleisen der Straßenbahn meine Mutter mit meiner Schwester und mir. Auf den Waldrand zu, ein gewohnter Gang, sie brachte uns zu einer Freundin, alles war wie immer, also gut. Da traf aus dem Hinterhalt ein zu stark weggeschmetterter Ball aus dem Sportlergelände meine Mutter am Kopf. In dieser Kindheitsszene habe ich die einzige Niederlage meiner Mutter erlebt. Dieser Tatort taucht mein Leben lang immer dann auf, wenn mir einfällt, daß ein Hinterhalt dauernd lauert, und wenn ich empfinde, daß, ohne meinen Vater, meiner Mutter die absolut selbstverständliche und grundsätzliche Abschirmung fehlt. Bei alltäglichen Miseren, bei banalen Hilflosigkeiten, als Patientin konfrontiert mit einer unerwarteten Verordnung, oder durch andere Menschen in Lagen gebracht, die sie zum Opfer machen – und anschließend ist keiner da, der mit ihr ins Café geht – durch den Hinterhalt übertölpelt: jemand Brutales und Gleichgültiges könnte jederzeit ihre spontane Gutmütigkeit ausnützen, er könnte ihr argloses Vertrauen überlisten, er würfe diesen gemeinen Ball. Die Kränkung, die Ungerechtigkeit! Das zur Seite gebogene Gesicht, der vor Schreck vom Aufprall nach unten geduckte Kopf und die in sich gekauerte Haltung mitten auf dem Fußweg: das Bild meiner Mutter, als sie die Schwächere war und zwei Kinder ihr helfen wollten, ersteht wieder und wieder bei Ängsten um sie und in niedergedrückten Stimmungen, beim Memorieren ihrer paar späteren Erfahrungen mit der Niederträchtigkeit. Sah ihr Gesicht nicht vor allem traurig aus, sah es nicht überrascht aus, enttäuscht? In der Wiederholung meiner Verzweiflung über ihren Schmerz spüre ich bis in diese Minute zornig und unversöhnlich: Sie hat es nicht verdient, sie doch nicht!

*

Ich erlaube mir beim Strandspaziergang mit meinem Mann eine gewisse Freiheit, indem ich denke: Gut, liebe Mutter, gut machst du deine Sache, gut hältst du dich an dein System, selbst wenn du zwischendurch deinen Part vergißt und ICH BIN TODMÜDE sagst. Um dann nicht zu verzweifeln, aus ratlosem Unglück – dem Kindheitsunglück: du hattest Fieber, selten genug, daß du dich ausruhen mußtest – rebelliere ich leider. Laß den Lebenslauf mit dem Vater in dir nachwirken: das befehle ich nicht, zum Glück! Statt dessen bitte ich nach Kinderart um etwas Belebendes von ihr für mich, schon ist nämlich meine eigene Stimme kläglich, und ich berichte von meiner schlechten Nacht und von meinem verdorbenen

Magen, damit sie sich wieder aufrafft, und gleich gibt sie nach, sie ist dran mit dem Bedauern – ich verlange zu viel von dir.

*

Zum Glück gibt es deine Schwestern und ein langes Wochenende mit ihnen, die einen legeren, junggesellenhaft-bohèmeartigen Haushalt führen, dessen Gesetzlosigkeiten dir eigentlich fremd bleiben, darin du aber völlig aufgenommen bist – und Margarete, die zweitälteste Schwester, kocht gern und fürsorglich mütterlich, und alle drei lieben süße Sachen.

*

Der Tag meiner Mutter ist in Heppenheim bei den Schwestern anders eingeteilt als in der Woche, wenn sie allein lebt. Hier, hinter dem Gartenzaun zum Winken für die Film-Abschiedsszene, wird später aufgestanden und zwischen vielen, zerstreuten, aufgeteilten Zeitungen planlos gefrühstückt. Das späte Mittagessen, der späte Mittagsschlaf, das Teeritual mit dem ebenfalls rituellen Streuselkuchen, an den ich jetzt gegen Abend, wenn wir das Texelwäldchen verlassen, geradezu inständig denke, und immer wieder daran wie an ein Symbol für das, was ich meinen Lieben wünsche: an das Obere vom Streuselkuchen. Die drei Schwestern schneiden die Kuchenstücke quer durch, sie essen jede Hälfte extra, die untere mit Gelee bestrichen, zur Genußkrönung die obere Hälfte am Schluß. Macht das jetzt so, ich bitte euch. Zum Glück für uns alle gibt es euch Schwestern meiner Mutter. Ich höre Evamaries Klavierspiel, diesmal in meinem Auftrag: sie übt mein Abendrepertoire für den Film. Gern würde ich jedes Familienmitglied in meinem Film beherbergen, denn herbergsmäßig kommt er mir mittlerweile vor, wie eine gute Aufbewahrung.

Und das Abendessen in Heppenheim: jeder sucht sich irgendwas in der Küche, versorgt sich mit Vorrat, der die Fernsehnachrichten interessanter macht. So hat meine Mutter früher nie gelebt, so leichthin. Gut tut er ihr aber, der Systemwechsel innerhalb eines Wochenverlaufs, oder ich stelle es mir so vor. Eintönigkeit wird vermieden, vor allem: zu viel Alleinsein. Ich bin furchtbar stumm, sagst du uns manchmal.

*

Jetzt lasse ich dich Mut fassen, einen Schwung nehmen, und du sprichst als Erste. Auch als Kind habe ich mir nach dem Modell der Wirklichkeit Gegenwelten erfunden. Die Kinder unserer Putzfrau sind gar nicht in die häßliche Wohnung ihrer Mutter zurückgekehrt, das war eine Täuschung, zwar verschwanden sie hinter der grauen Tür in der schlechtverputzten Fassade, aber dann benutzten sie einen Geheimgang und erreichten ein besonders schön ausgestattetes Landhaus. Ich ging gern bei Spaziergängen hinter den Eltern her. Die Eltern haben sich über ihre Angelegenheiten unterhalten, waren gut abgelenkt. Ob es sehr phantasievoll und sehr ergiebig war, was ich mir ausdachte, weiß ich nicht mehr, am wichtigsten fürs Wohlbefinden war die wortlose Übereinkunft zwischen uns und mein Gefühl, richtig untergebracht zu sein, aber mit diesen paar Metern Abstand.

*

Oder, Doris, bist du mitgegangen? Wenn du nicht Geige geübt hast? Dann haben wir, und zwar ein paar Meter vor den Eltern auf dem Waldweg, »fremdes Kind« gespielt. Die

Eltern mußten sich über uns rätselratend unterhalten: Wer mögen denn diese zwei nur sein? Was tun sie hier allein im Wald? Sollten wir sie nicht ansprechen? Unsere Eltern haben dann wieder miteinander wie Erwachsene gesprochen, wir fühlten uns wohl und heimisch, bei Eltern eben, die absolut selbstverständlich für uns, aber auch für sich selber da waren, so selbstverständlich, daß wir uns überhaupt keine Gedanken über sie gemacht haben. Ihre eigenen Gefühle, Sorgen, Probleme, Freuden: sie brauchten uns nicht zu beschäftigen. Auf die idealen Eltern, ideal kombiniert Vater und Mutter, achtet das Kind nicht. Sie fallen dem Kind nicht auf. Unter so unbemerkter Regie ergibt sich auch das Zusammenleben mit Geschwistern selbstverständlich, und selbstverständlich wird geliebt, man spürt es kaum, es kümmert kaum. Aus jedem Kinderstreit rettet – auch das ist ein Gewißheitsgefühl, durch das man nicht dauernd auf der Hut sein muß, sondern achtlos leben kann – eine Schlichtung durch die Mutter; ein Trost durch den Vater verschönt sogar die kurze Verzweiflung.

*

Aber bei Trennungen entsteht das grundsätzlichste Heimweh, dem kein Ersatz genügt. Mein Vater brachte meine Schwester und mich, weil wir es gut haben sollten, in die Fremde, erste Sommerferien ohne die Eltern auf einem Schloß in Pommern, und ich habe den Abschied von ihm wie den endgültigen Verlust empfunden, nicht wie seinen Tod, nicht so wie bei einer Trennung auf dem Flughafen, als ich nicht an seine Rückkehr glauben konnte, sondern so, als verlöre ich den Grund unter meinen Füßen. Wir haben es nicht lang ausgehalten, wahrscheinlich mein Vater, der keinen Kinderkummer ertragen konnte, so wenig wie wir Kinder, und der Versuch unserer Selbständigkeit in der

Fremde scheiterte, mein Vater holte uns früher als geplant wieder zurück, und jeder Fliegeralarm über der Stadt, vor dem wir eine Zeitlang Ruhe haben sollten, war mir hundertmal lieber als die schönste Naturruhe im Umkreis des Schlosses in Pommern.

*

Warum erlebe ich den Tod meines Vaters seit mehr als zehn Jahren nicht als Schuldbewußtsein, als Gewissenswahn – immer dann wenn mir auffällt, daß ich mit allem Drum und Dran, also Vergnügen, Genuß, Freuden, Leiden weiterleben kann? Und warum erlebe ich meinen Vater so wenig wie in meiner Kindheit als Forschungsobjekt, als Problemstoff für Auseinandersetzung, Analyse, als Herausforderung zum gründlichen Nachdenken, gar zum Zweck der Abrechnung zwischen ihm und mir? Weil die Liebe zwischen uns lückenlos war? Weil kein »Vatermord« im psychoanalytischen Sinn vom Inneren verlangt wird? Weil ich seine vielen Überlegenheiten mir gegenüber bis heute als Glück für mich genießen kann? Ich weide mich ja an seinen besseren Lebenskünsten. Wenn ich, zu nervös, reise, besänftigt es mich, mir zu vergegenwärtigen, daß mein Vater ein Reisegenie war. Hier ein Täßchen Kaffee – habt ihr Lust? – dort ein Museum – seid ihr interessiert? Er meinte die Familie, portionsweise reiste er mit uns als Anhang, und anstatt uns mit unseren schillernden Wünschen und Abwehrtricks als Last zu spüren, machte es ihn zufrieden, weil er uns, trotz unserer Neigung zu Bequemlichkeiten – nein, wir wollen im Auto bleiben, nicht aussteigen, keine Kunstwerke sehen, weiterfahren – schließlich doch vieles zeigen konnte: wir waren bei ihm, und das hatte er gern. Kurz vor der Rückkehr nach Haus, bei der Einfahrt in die Stadt, quälten ihn ungenau die Sorgen um den Rest der

Familie: er wurde still, hat geseufzt, wir haben ihn damit aufgezogen – jetzt verstehe ich ihn gut und weiß, daß es phantasielos und leichtfertig ist, sich keine Sorgen zu machen.

*

Ihr habt euch, nach allem was man erfährt, keineswegs ganz ohne Verstellungen, Theaterspiel, Scheuklappen und Vorsichtsmaßnahmen geliebt, würden die Anhänger der totalen Offenheit und des nackten Anvertrauens einwenden. Ja, wir haben Schonungen bevorzugt. Das Vertrauen war derart vollkommen, daß Witterungen genügten, und kein Anvertrauen, kein Herumdiskutieren und Aussprechen nötig war.

*

Wer den idealen Vater hat, der wird sein Leben lang nicht nach Vorbildern Ausschau halten. Als Kind habe ich nicht einmal den Lieben Gott gebraucht oder ihn mit meinem Vater verwechselt. Beim Abendgebet vor dem Schlafengehen bedurfte ich nicht dringend endlich des geheimen Adressaten und Mitverschwörers – ich hatte ja einen mich begünstigenden, liebevoll überwachten, sorglosen Tag hinter mir und nichts Feindseliges gegen die Welt bis zum Einschlafen speichern müssen: unaufhörliches, unbezweifeltes Behütetsein vom Morgen bis in die Nacht. »Vater laß die Augen dein/ Über meinem Bettchen sein«: nebenan schliefen meine Eltern. Einem so beruhigten Kind, das sich die Melancholien ab und zu wie einen luxuriösen und interessanten Gefühlsabstecher leistete, würden Fachleute für Erziehung und Seele eher langweilige biographische Prognosen stellen.

*

Der Vater als Photo im Regal muß im Film mitspielen: haltet die Kamera drauf! Es ist wichtig, daß von ihm nicht nur gesprochen wird. Die zum Photo passende Textstelle finde ich leicht: LIEBER GOTT LASS ALLES BEIM ALTEN. In meiner Kindheit der kleinen Abendgebete, als ich meines Vaters, meiner ganzen Familie und meiner selbst so sicher war, bin ich, Kierkegaard zufolge, weit davon entfernt gewesen, ein vollkommener Mensch zu sein: ich bedurfte Gottes gleichwohl auch, nur schien mir, als HÄTTE ich ihn ja.

*

Es regnet auf den Schnee. Heute ist ein Klimawechseltag. Schneereste und stückweise tilgender Regen passen zum Erinnern. »Ich statuiere keine Erinnerung in eurem Sinne, das ist nur eine unbeholfene Art, sich auszudrücken«, sagte am 4. 11. 1825 Goethe zu von Müller. »Was uns irgend Großes, Schönes, Bedeutendes begegnet, muß nicht erst von außen her wieder erinnert, gleichsam ergänzt werden, es muß sich vielmehr gleich von Anfang her in unser Inneres verweben, mit ihm eins werden, ein neues besseres Ich in uns erzeugen und so ewig bildend in uns fortleben und schaffen.«

Wir machen es richtig mit dir, Vater, wenn wir dich mitnehmen auf unsere kleinen Ausflüge, an den Strand, in den Wald, auf den Bahnhof mit der Reiseschokolade, ins Café, wenn wir, schnell weiter, schnell vorbei, auf der Autobahn Montabaur links liegen lassen, dich aber und deine Erklärungen des Mons Tabor rezitieren, bruchstückhaft leider, gewiß, weil wir mit deiner Gegenwart beschäftigt waren damals, als du bei uns warst, und dich lieber zum Lachen brachten als uns selber zu einer Wissensvermehrung, doch, mein Mann erwähnt es jedesmal, das Kannebäckerland, und die Kirche von Utrecht, wir sehen sie jetzt kaum noch ganz rechts, beim

Vorüberfahren, hinter den Satellitenstädten, aber wir erinnern uns, und verdrehen die Köpfe, um keinen Anhaltspunkt zu versäumen. »Es gibt kein Vergangenes, das man zurücksehnen dürfte, es gibt nur ein ewig Neues, das sich aus den erweiterten Elementen des Vergangenen gestaltet, und die echte Sehnsucht muß stets produktiv sein, ein neues Besseres erschaffen.«

*

Nein, ich lebe nicht rückwärts gewandt und in die Details wohliger Vergangenheit vertieft. Meinem Blick auf Kinder- und Jugendleben bleibt, vielleicht auch aus Ungeduld, vieles geheim: ja, das ist mir sogar recht so. Es kommt auf die Verschmelzungen der Erinnerungen mit dem weiterverwertenden Bewußtsein an. In Überbleibseln, auf Zufriedenheitsinseln, wiederhole ich meine frühen Lebenszeiten, aber nicht wie auf fremden und verschlossenen Territorien, vielmehr vergegenwärtigen sich alte Augenblicke in neuen, ein Zusammenhang entsteht: er kann wie ein Asyl vorübergehend genutzt werden. Wie ein vorübergehendes Rekonvaleszenzgefühl genossen werden. Vorsicht beim Genießen? Weil es, an der Ewigkeit gemessen, dem Verschwenden gleichkommt? Kierkegaard warnt mich. Was sagt mein anderer Tarnungsspezialist, Goethe? »Es ist nichts unerträglicher, als sich das Vergnügen vorrechnen zu lassen, das man genießt.« Wie oft, lieber Vater, sind wir dir ins Wort gefallen, wenn du zitiert hast: »Genieße mäßig Füll' und Segen/Wo Leben sich des Lebens freut . . .«

*

Den Vater zum Lachen zu bringen, hat schon uns Kinder gelockt. Mit einem Wort aus der Fremdsprache zwischen ihm und meiner Mutter: GASKESSEL! ruft meine Schwester, und ich rufe auch: GASKESSEL! Wir wissen, daß wir mit diesem Wort an die rätselangereicherten Vorzeiten der Eltern rühren, an die Zeiten ohne ihre Kinder, uns Geschwister. An ihre Geheimnisse miteinander. Und meine Mutter ist sofort in das verliebte Mädchen zurückverwandelt, das sie war, und mein Vater muß einfach aufhören, über Berufsprobleme zu seufzen, und lachen muß er, mit meiner Mutter, aber sie schweigen sich über diesen GASKESSEL aus, und obwohl wir eifrig in sie dringen, haben wir es eigentlich auch lieber so. Genaueres brauchen wir über die elterlichen Zeiten, ehe sie unsere Familienoberhäupter wurden, überhaupt nicht zu wissen. Wir spielen uns wieder in unsere eigene Welt zurück. Von einem Gewitter wissen wir etwas, von einem Wald, Fluchtort vor dem Gewitter, das die Verlobung der Eltern beschleunigt hat: das gefällt uns sehr gut. Es genügt uns ganz und gar. Wir haben es gern, mit ungeschwätzigen, diskreten Eltern spazierenzugehen, wir sehnen uns nach keiner Aufklärung. Wir haben sie nur kurz einbeziehen wollen, und der Vater hat lachen sollen, das geschieht: eine Spur indigniert sieht er dabei aus, aber glücklich, er spielt natürlich auch seine Rolle desjenigen, der nun gelassen bleiben möchte; die Vergnügtheit der beiden reicht uns aus, wir hören auf, die kurze Liebesszene zu recherchieren, die sich durch Andeutungen am Leben erhält.

*

». . . ewig bildend in uns fortleben . . .« Das »Große«, das »Schöne«, das »Bedeutende« . . . eine Vaterliebe zum Beispiel auch. Das Zurücksehnen in die Vergangenheit, das Goethe nicht recht war, erübrigt sich. Die Bedingungen sind erfüllt, und die Elemente der idealen Kindheitskonstellation wirken weiter. Einen großzügigen und gütigen und gescheiten Vater, einen liebevollen Vater, einen Menschen, der einen niemals gekränkt hat und daher alle Wiedergutmachungsmanöver überflüssig machte, der über seine Gefühle nicht erst reden mußte, weil sie sich in allgegenwärtiger Ausübung offenbarten, einen solchen Vater verliert man beim Verlust durch den Tod nur leiblich. Meine Mutter – sie spricht nicht davon – muß allerdings tagtäglich das konkrete Entbehren spüren. Die Kinder eines solchen Vaters bleiben in seiner geistigen Gesellschaft. Die Ermutigung dauert an.

*

Ermutigung ging immer von meinen Eltern aus. Immer wollte ich, wenn ich auch kindlich genug mit mir selber zu tun hatte, meinen Eltern gefallen. Immer ist mir das gelungen. Ich bin nie bestraft worden, und nicht nur das, ich bin nie auch nur für ungeschickt, für verbesserungswürdig, für zurechtweisbar gehalten worden, oder so: sie haben es mir nicht gezeigt. Abgewiesen wurde ich nie. Darauf habe ich nicht geachtet, doch bin ich sicher: meinen Geschwistern ging es genauso. Großes Lob für ein kleines Gedicht! Kein Vorschlag, wie es besser zu machen wäre. Nach dieser Liebeserziehungsmethode mußte ich selber sehen, wie ich vorwärtskäme auf dem Weg zu besseren Ergebnissen, mein Instinkt dafür wurde nicht von Erwachsenenratschlägen irritiert, er konnte sich selbständig ausbilden, und gegen die Bequemlichkeit hat sicher das Gelobtwerden gewirkt.

*

Aber vielleicht bin ich bis heute viel zu nachhaltig und reichlich mit den Liebeszutaten aus meiner Kindheit versorgt, um jemals radikal erwachsen zu werden, vielleicht schadet mein Kindheitsstoff der Entschlußkraft, die für die Abtrünnigkeit sorgt. Und nützt auch nicht der Praxis mit denen, die man liebt. Es überanstrengt mich wie eine Verkehrtheit, euch alle absolut realistisch wahrzunehmen. Alle, wir alle, wir werden älter, alt und älter. Oft, leider, gehe ich mit der Vergangenheit doch nicht auf die goethesche Weise um, und mein Wirklichkeitssinn klammert immer wieder euch, liebe Familie, aus, er schont euch, damit ich mich selber schone. Die Telephonstimmen der drei Schwestern, Mutter und Tanten, klingen ja auch so jung, nicht nur dem Timbre nach, die Sprechhaltung selber wirkt mädchenhaft, zeitlos will ich euch haben.

*

Daß mein Vater sterben müßte, wußte ich als kleines Kind plötzlich mitten in einer Abschiedsszene auf dem Flughafen. Warum nahm er nicht das Auto wie sonst auf Dienstreisen? Kurz vor diesem Abflug hatte mich ein Zeppelinabsturz aufgeregt. Sonst hat mein Vater keinen Fehler gemacht, meine ganze Kindheit hindurch keinen einzigen, nur diesen Flug, und davon, daß er wohlbehalten wieder zurückkam, weiß ich überhaupt nichts mehr. Ausschließlich meinen Trennungskummer und das Verlustgefühl, ein Elend, Vaterlosigkeit wiederhole ich in diesem furchtbaren Abschied, mein Entsetzen, ähnlich dem Todesentsetzen und der kurzen Verzweiflung für immer, als ich meine Schwester, nach ihrer »Mutprobe« auf dem Balkonsims, im Kies liegen sah; zerschmettert, dachte ich, ein blutiges, um ein paar Knöchelchen verteiltes Trümmerhäufchen. Haltlos habe ich um Hilfe geschrien. Indem ich sie für tot hielt, indem ich, in dem anderen Fall, meinen Vater nie mehr wiederzusehen glaubte, ist mir mein eigenes Weiterleben unmöglich vorgekommen.

*

Fast ebenso aus und vorbei war es mit mir, ebenso zu Ende war es mit meiner Zukunft der nächsten paar Stunden und Tage, wenn meine Mutter krank wurde. Heutzutage, seit Jahren, vielen Jahren, muß ich daran gewöhnt sein, sie, beim Risiko der Offenheit, sagen zu hören: Ich war so müde, ich habe mich auf mein Bett gelegt. Nein, ich habe mich immer noch nicht daran gewöhnt. Da wirkt die Kinderangstvorstellung von ihr nach, von der Mutter, die auf einem Bett liegt und nicht mehr mitmacht. Immer noch, wie in entlegenen alten Zeiten, brauche ich diese Zuversicht verströmende, für die Gegenwart sorgende, gutausgeschlafene, zu allen Tageszeiten aufgeweckte Frau, die mir als erste morgens im großen Familienhaus begegnet. Ich erfinde sie mir. Sie hat das Frühstück schon bereitet und den Besen in der Hand. Die Familie kann kommen, mit jedem Bedürfnis. Kinder dürfen Wünsche haben. Erwachsene Kinder auch, Gäste sind willkommen, beispielsweise. Mutter, unsere Freunde X hätten Lust, heute abend hier zu sein. Hast du eine Idee, was man essen könnte? (Wein gibt es aus dem Weinschrank meines Vaters, und man braucht nicht erst zu fragen, bevor man in den Keller geht, um ein paar Flaschen auszusuchen.) Mutter, hast du einen Einfall? Ja, warum sollen wir nicht wieder einen Kartoffelsalat machen? Ist denn aber alles im Haus? Ja, alles ist im Haus. Was fehlt, wird besorgt. Die Tante Johanna hat schon angefangen, Kartoffeln zu schälen, neugierig auf unsere Freunde, ihre schönen grauen Augen haben etwas Flehendes. Ich aber bin jung, ich habe keine Zeit für sie übrig, auch an der Tante Minna – die zweite Verwandte, die allein nicht leben könnte und deshalb bei meinen Eltern Familienmitglied wird – komme ich rasch vorbei in mein eigenes Leben, meine Mutter wird sich um alles kümmern. Du warst, liebe Mutter, die Mutter aus dem Gedicht von Bert Brecht: »Das Kind kommt gelaufen/Mutter, binde mir die Schürze!/Die Schürze wird gebunden.«

*

Zwanzig, dreißig – oder noch mehr? – Jahre später, und mein Mann und ich, wir haben heute abend Lust, in einem Restaurant zu essen. Aber noch ist »die Schürze nicht gebunden«, wir wollen uns abmelden; hört meine Mutter das Telephon vor 18 Uhr, vor der verabredeten Zeit? Wenn sie es nicht hört, das sagen wir uns, und wir wissen es ja auch, wäre es nicht belastend, nicht für sie, die selbstverständlich annähme, daß wir nicht sie vergessen, sondern es für uns selber gut haben. Sie hört aber das Telephon, und ich empfinde das als Glück, denn mit ihrem vergnügten Wunsch LASSTS EUCH GUT SCHMECKEN fühle ich mich erst richtig freigesprochen und voll im Recht bei der Privatheit.

*

Nach dem Sorgenmachen, der Unruhe, dem wartenden Herumstreichen in der Gegend des Telephons erfahre ich es oft: die Vorstufe des Unglücklichseins bekommt dem Glück, das danach zu haben ist, sehr gut. Das Glück wird erst durch ein Unglück, das ihm vorausging, bemerkbar und abgerundet, Dauer des Glücks: begrenzt, selbstverständlich sehr vergänglich – bis zum nächsten Mal. Nur indem ich mich von etwas erhole, nun aufatme, registriere ich mein Glück.

*

Diese gute Idee wäre dem Bestreben, sich mit dem Denken an den Tod endlich zu befreunden, nützlich: die gierige Sehnsucht nach Harmonie sollte ich identifizieren mit der – dann ja auch – gierigen Sehnsucht nach der Ewigkeit. »Herr, lehre uns bedenken, daß wir sterben müssen« – »müssen« würde sich von selber in eine Vokabel übersetzen, in der sich die Vorfreude ausdrückt.

*

Ein verweintes, verträumt-weltfernes Kind bin ich nicht gewesen, trotz allen Wegphantasierens. Du warst ein heiteres Kind, erfahre ich von meiner Mutter. Du warst eigentlich immer vergnügt, du warst auch überhaupt nicht ängstlich, fast zu wenig ängstlich. Von dem problematischen, undisziplinierten Leben anderer, und um meines damit zu vermischen, konnte ich mich anlocken lassen, weil es zu Haus einträchtig, ordentlich, verläßlich war. Das Wegstreben zu meiner Freiheit hat mich interessiert, sobald ich aufhörte, ein Kind zu sein. Niemand versuchte, mich aus dieser unbekümmerten, selbstsüchtigen Entwicklungsphase in die Geborgenheit zurückzubetteln. Aber gewiß konnte ich alle Unvernunft und jeden Leichtsinn nur genießen – verschwenden! – weil die Liebe von Vater und Mutter universal war und mich auch als Abwandernde nicht ausgeklammert hat.

*

Doris, meine Schwester, hat gar keine Lust, sich filmen zu lassen, anders als Mario, ihr Mann, der gern im Film vorkommt, geduldig und interessiert vor und hinter der Kamera seine gute Laune nicht verliert. War die Doris nur immer die Ehrliche von uns beiden? Habe ich nur immer so getan, schon um mich von ihr zu unterscheiden, als rege kein Fliegeralarm mich auf, und bin ich, um beneidet und bewundert zu werden, nicht sofort mit in den Luftschutzkeller gegangen, sondern habe vorher noch den gefährlichen Nachthimmel von einem Dachfenster aus auf dem Speicher betrachtet: um anzugeben, vor der Familie, als mutiges Kind, und damit meine fürsorgliche, um mich als die Kleinere, Bedenkenlose besorgte Schwester aufzuregen? Aber davon zu erzählen, heißt, in einen Zusammenhang mit längeren Abläufen zu geraten, und das kommt mir so vor, als sei gar nicht ich es, die erzählt, und diese Erinnerungen sind wie gar nicht von mir selber. An der Vergangenheit interessieren mich nur Miszellen zur Gegenwart.

Müßig finde ich pure Erinnerungen: an die Schulzeiten, beispielsweise. Pauschal tat ich sie als Freiheitsberaubung und den Versuch zur Vereinnahmung ab. Somit zählt sie eigentlich gar nicht. Im Vergleich mit den Freiheiten meiner Nachmittage samt Spielzimmer, großem, vielfach gegliederten und an Verstecks reichem Garten, im Vergleich mit diesem Privatleben habe ich die Schulzeit nicht als markierendes Ereignis empfunden, sie hatte keinen Einfluß auf mich, überhaupt: die Außenwelt blich aus, sobald ich bei mir zu Haus wieder wie gerettet war. In unserem Widerstandsnest: so gilt es für meine Kindheit, die in der Nazizeit genau dieses Reservats bei Eltern, Geschwistern, Tanten, einer Großmutter bedurfte. Die Schule ist zwar lästig gewesen, aber täglich schnell zu vergessen. An meinen Freundinnen beteiligte ich meine Schwester, sie hatte meine Freundinnen mit mir zusammen. Am liebsten sind wir allein gewesen. Nötig, um diese Erfahrung unseres ungestörten Glücks zu zweit zu machen, waren die Freundinnen aber doch.

*

Meine Geschwister, Doris und meine beiden Brüder, ja – vermutlich sind sie, anders als ich, nicht immer auch Verstellungskünstler gewesen. An öffentlichen Geltungen gemessen riskierten sie Blamagen, sie leisteten sich die Menschenscheu, die ich nie zugegeben hätte, und Introvertiertheit sah bei ihnen radikaler als bei mir aus; ich verleugnete Furchtsamkeiten und war darauf erpicht, anderen gegenüber keine Schwäche zu offenbaren. Unangenehmes Kind? Kokettes Kind, dem nicht ganz zu trauen ist? Rückblickend gefällt mir mein Trickreichtum gar nicht an mir selber. Über Kinder, die genau so sind, wie ich es war, habe ich dann auch nie Geschichten geschrieben. Meine fiktiven Kinder ließ ich eher meinen Geschwistern ähneln, kompromißlosen Einzelgängern, nicht zu feige und zu heuchlerisch, um zu leiden.

*

Nach Reaktionen auf mich verlangte ich von jeher. Jetzt denke ich an den TAGEBUCH-FILM und merke, daß sich an meinem Wunsch, Wirkungen zu spüren, wenig geändert hat. Aber ich unterdrücke das Fragen. In mir fragt es: Seid ihr zufrieden mit dem Film? Daß ihr vorkommt, ihr Hauptpersonen meiner Existenz? Und hält das auch an? Ich hätte so gern, immer noch wie als Kind, das etwas Schönes durch mich geschähe, etwas Erheiterndes, aber es müßte auch andauern. Ach, das Verewigen! Als Kind überreichte ich meinen Eltern ein Gedicht, ganz gewiß ein Liebesgedicht, und ganz gewiß, um zu hören: Sehr gut gelungen! Wunderschön! Sehr gut gemacht! Ganz gewiß würden sie mein Gedicht gut aufheben. Ja, es gibt unsere Kindermachwerke unvollständig noch heute, kleine Päckchen davon, aber ich möchte von mir aus keiner einzigen gelebten Zeit mehr irgend etwas lesen. Nein, Goethe, nicht sehnsuchtsvoll zurückgewandt gehe ich mit dem Vergangenen um. Besser werden auf der Basis, die zu ihrer Zeit vollkommen gut war.

*

Meine Kindheit war eine Verwöhnung mit den lebenswichtigen Gefühlen Liebe, Vertrauen, mit Vergebung, gnädigem Umgang der Menschen miteinander, nach dem Leitmotiv, einer möge den anderen möglichst heiterer machen. Alles hinter dem großen Gartenzaun der Familie. Die Einwände kennt man auswendig: so entsteht keine Erziehung fürs »Leben«. Soviel Sanftheit bereitet nicht auf Härte vor. Warum darf nicht, wenn schon das spätere Leben deprimierend und strapaziös sein muß, eine Zeit, die erste und Maßstäbe setzende, wirklich gut gewesen sein? Allerdings: die idealen Bedingungen machen anspruchsvoll, sie schärfen das Bewußtsein, und besonders die Lieblosigkeit wird einem in der Liebesumrahmung aufgewachsenen Kind immer auffallen. Wieder denke ich, es war nicht nötig, daß mein Vater, dem es gar nicht anders lag, Goethe zum Thema Erziehung studiert hat, Goethe, der »nichts ungeschickter und barbarischer« nannte als »Verbote, als verbietende Gesetze und Anordnungen« . . . »Es ist möglich, daß man durch Tadel und Schelten, durch Moralisieren und Predigen, durch Warnung vor üblen Folgen, durch Drohung von Strafen manchen Menschen vom Bösen abhält . . . aber eine weit höhere Kultur wird bei Kindern und Erwachsenen eingeleitet, wenn man nur bewirken kann, daß sie über sich selbst reflektieren. Und wodurch kann dieses eher geschehen als durch eine heitere Darstellung des Fehlers, die ihn nicht schilt, aber ihm auch nicht schmeichelt, die weder übertreibt noch verringert, sondern das Natürliche, Leidenschaftliche, Tadelnswerte irgendeines Hanges klar aufstellt, so daß derjenige, welcher sich getroffen

fühlt, lächeln muß und in diesem Lächeln schon gebessert ist, wie einer, der vor einen hellen Spiegel tritt, etwas Unschickliches an seiner Kleidung alsbald zurechtrückt?«
Für diese Formen der Korrektur war meine Mutter zuständig. Mein kindersanfter Vater hätte nicht einmal das subtilste Insunrechtsetzen über sich gebracht – da zog er sich lieber zurück, betrübt, wortlos, jederzeit aber bereit für den Trost mit dem großen, duftenden Taschentuch. Kleine Kindersorgen, kleine übliche Kinderfehler und kleine, lehrbuchgerechte Kinderkrankheiten trafen ihn wie große Angelegenheiten, und er mied dieses Fachgebiet meiner Mutter. In großen Konflikten aber konnte er vorzüglich der Ratgeber sein, und dann seufzte er überhaupt nicht, sondern wirkte stark und auch immun, während er sich doch jedesmal ansteckte am kindlichen Unglück.

*

Ihr beiden Brüder, sechs Jahre älterer Gerhard, bei dem ich, als ich noch ziemlich klein war, Fremdwörterunterricht nahm, erstens aus Freude an den Fremdwörtern, zweitens um meine Nazizeitlehrer mit dem verbotenen Vokabular zu reizen, und in dessen mit Komponistenphotos ausstaffiertes Zimmer im Parterre des Hauses ich zum Abhören der Wörter kam – warum, Doris, bist du nicht daran beteiligt gewesen und oben in unserem gemeinsamen Spielzimmer geblieben? Vielleicht warst du schon zu erwachsen für dieses Lernspiel und hast Geige geübt – und du, kleiner Nachkömmling Martin, zwölf Jahre jünger, auch ein Lehrmeister: bei dir nahmen mein Mann und ich in der Pionierzeit der Beatles Unterricht in Pop-Musik, hantierten mit Platten, Tonbändern, Whisky und Bier: ihr beiden Brüder habt in der Film-Drehzeit nicht schnell auch einmal, nicht so wie Doris und

Mario, nach Holland kommen können, und ich vermisse euch nachträglich, weil ich vorher nicht abschätzen konnte, wie sehr zum Familienfilm die Arbeit geriete. Ich empfinde diesen Film, anders als meine Fernsehspiele, als eine Zäsur. Das liegt an seinem autobiographischen Charakter. Die im Film skizzierte Welt macht einen hermetischen Eindruck auf mich. Zutritt verboten! Allen an einer seelischen Zwangsläufigkeit Unbeteiligten! Zum Glück habe ich aber doch Freunde und Freundinnen – aus Eifersucht auf meine Hauptdarsteller – nicht verloren. Beruflich betrachtet: ich habe keine Lust, vorerst noch, schon zwei Monate nach der Drehzeit, zu erfundenen Personen und ihren Gefühlen, Handlungen, und zu meiner Freiheit mit ihnen zurückzukehren.

*

Was mir in der Vorbereitungszeit zum Film gutgetan hat – das Klavierüben der Evamarie an meinem Programm – fehlt jetzt. Neue und nächste Gemeinsamkeiten müßten mir einfallen, denke ich schuldbewußt und noch phantasielos. Das Engagement der Nächsten und Lieben, es hat uns für eine kurze Zeit aus der zärtlichen Theorie in eine Praxis fast wie in früheren Zeiten geführt. Früher brauchte man die Verwandten noch konkret, zum Greifen! Können wir euch übers Wochenende besuchen, Margarete und Evamarie? Doris und ich, wir kündigten uns an. Im legeren Haushalt bei den beiden Schwestern meiner Mutter und obwohl meine Großmutter mit erkennbarer Autorität die Regie führte, dort fühlten wir uns ein bißchen verwegener; das Fluidum der künstlerischen Berufe und der Regelwidrigkeiten hat uns imponiert, und wir kamen uns mit diesen beiden Frauen, Margarete und Evamarie, fast gleichaltrig vor – ein Eindruck, der sich gehalten hat.

*

Würdet ihr mitmachen in dem Film? Habt ihr am 4. Oktober Zeit, am Gartenzaun zu winken, unseren Abschied zu spielen? Unsere Gegenwart miteinander festzuhalten, zeitlos zu machen zumindest für die Dauer eines Films und immer wenn man ihn ansieht, das gleicht dieser Zumutung an den LIEBEN GOTT: LASS ALLES BEIM ALTEN. Endlich wird das Übprogramm der Evamarie vom Toningenieur auf Band genommen, schon ist es nicht mehr ganz so vergänglich. Endlich winken und lächeln die drei Schwestern elektronisch aufgezeichnet: für ein etwas verlängertes IMMER. Endlich haben wir die Lustigkeit und die Herzlichkeit zwischen uns vier Spielgefährten – zwischen Doris und Mario, meinem Mann und mir – auf Cassetten gespeichert: zur Vergewisserung unseres Viererbündnisses. Mir fällt aber jetzt, mitten in der Befriedigung über meine paar Haltbarkeitsverfahren, das Tonband mit der Telephonstimme meines Vaters ein, das mein Bruder Gerhard aufgenommen hat, und daß niemand von uns, wie ich uns einschätze, sich jemals das Anhören zutrauen wird.

*

Wir sind ja keine Unsterblichkeitsprofis, wir sind ja keine Berufsschauspieler. Alte Filme mit angeblich gestorbenen Stars beruhigen mich, wie der Einspruch gegen den Tod. Sie beweisen mir das Gegenteil. Sie repräsentieren ein bißchen – zwar sehr irdisches – Ewiges Leben. Ihr aber, meine Familie, ihr seid nicht Ingrid Bergmann und nicht Gary Cooper. Wir haben die falschen Berufe, wir werden nicht zu irdischem Zweck zu trösten sein.

*

Mutter, machst du uns wieder Kürbis ein und auch Essigzwetschen? Doch, du kannst es immer noch, du wirst schon sehen! Jemand von uns muß auch unbedingt wieder einen Pullover von dir gestrickt bekommen. Meinen Vater kann ich nicht mehr um Hilfe bitten, wenn ich nach der Quelle für ein bestimmtes Zitat suche. Rufen wir die Evamarie an, auch wenn das Recherchieren nicht Adalbert Stifter betrifft. Der Flügel muß gestimmt werden: kannst du uns an diesem Tag besuchen, Evamarie, damit der Klavierstimmer beeindruckt ist und bessere Arbeit tut, wenn er dich spielen hört? Margarete, jemand von uns wird dann und dann Geburtstag haben, mein Mann, ich selber, meine Mutter – jeder von uns ist auf deine Souveränität beim Bewirten angewiesen! Das ist die Kinderrolle, deren Text ich spreche, damit wir unsere Verbindung in einer Zusammenarbeit beruhigend spüren.

*

Der Film hat die enge Verbundenheit mit den Angehörigen bekräftigt, und ich muß wieder an die Freunde denken, die genug Selbstbewußtsein besitzen und mir neidlos gratulierten. Die nicht sagten: Ach, fast sieht es so aus, als seien wir überflüssig und nur dein Luxus, während die Verwandten aber zwangsläufig sein müssen. Freundinnen? Du brauchst nur deine Schwester, oder nicht? Deine Frauen, das sind deine Mutter und ihre beiden Schwestern, das ist die Doris, vom ersten bewußten Kindertag an. Ja, gut beobachtet, doch brauche ich den Luxus nicht auch? Die Bindungen, die nur Spaß machen? Als Abwechslungen und Ablenkungen, den Gefährten der getarnten Verzweiflung? Die anderen Lebenswelten, die mich von jeher interessiert haben, als Zuschauerin, ohne die Atemnöte der Unruhe umeinander, Lebenswelten, in die ich, ohne Sorgen – um einen mißlungenen Nachtschlaf, um erhöhte Temperaturen, lauter Todesboten – darin verwickelt zu sein, neugierig blicken kann, zum angenehmen

Zeitvertreib, zur willkommenen Unterbrechung des Alltags, in der Gastposition?

*

Das ist ja mein einziger Einwand gegen das Liebesprinzip in der Familie: es führt in die unauflösliche Anhänglichkeit. Aus der Unfreiheit des Liebens mache ich mich jeden Tag, an dem der Stillstand doch wieder einmal noch erhalten blieb, auf und davon in meine Freiheit. Unfreiheit: weil das Lieben an die Angst des einen um den anderen gekettet ist. Weil das Sorgen kein Ende hat. »Mein Leben ist ungeheuer angestrengt: ich fühle mich so fremd, so verschiedenartig von allem, was im allgemeinen die Menschen beschäftigt. Auf die verschiedenste Art merke ich tagaus tagein nahezu bei jeder Berührung meine Ungleichheit.« Zufällige Lese-Zeichen, Kierkegaard. Gefährdeter und wichtiger wird mein Kinderspiel zu Haus oder in der Texel-Ferienruhe mit euch, in meiner Vorstellung von euch als Leuten, die ich gerade jetzt, im Augenblick, in dem ich meinen Gemütsschnappschuß von euch mache, mitten im Wohlbefinden treffe: Wir sitzen beim Tee, sagt Margarete am Telephon, die Evamarie ist mit dem Hund vom Spaziergang zurückgekommen, deine Mutter schneidet sich gerade eben das Obere vom Streuselkuchen ab – willst du noch mehr wissen? Oh, sie weiß, die kenntnisreiche Margarete, daß mich nur immer wieder das Obere vom Streuselkuchen interessiert. Es ist mein Lieblingsbild von dem, was ich allen diesen Nächsten wünsche. Nachrichten von den anderen erfinde ich mir, seelenunruhig bin ich nicht mehr, hinter dem Mann im grünlichen Trenchcoat her oder neben ihm, während wir eine Feriennebensächlichkeit besprechen; Martin: beim Fernsehen, die Tiere seines Haushalts mit Christine, die reitet und bald zurückkommen wird, Martin erholt sich vom Dienst im Kanton-Spital, Klavierspielen bei Gerhard, und Gerda, seine Frau, lasse ich Französisch üben oder ein Aquarell malen. Gehen Doris und Mario heute abend ins Theater, ins Kino, oder laden sie, am Ende ihres anstrengenden Berufstags, plötzlich Freunde ein, um Dias von Texel, von unserer Drehzeit, vorzuführen?

*

Manchmal seufze ich die Seufzer meines Vaters, die ich, so lange Zeit danach, richtig zu verstehen meine: wie waghalsig, Menschen zu lieben! Erst recht, wenn es längst nicht mehr selbstverständlich ALLEN GUT GEHT und wenn die Zeile LASS ALLES BEIM ALTEN LIEBER GOTT an das äußerste Lebensgefährliche rührt. Wie wäre das Leben ohne Menschenbindungen, die ja Bindungen an die Sterblichkeit sind? Wäre es denn ein Leben in der Freiheit. Als Kind habe ich doch immer wieder andere Kinder beneidet, denen Vater und Mutter beinah gleichgültig waren. Trotzdem verhalf ich in meinen Spaziergangsphantasiegeschichten ausgedachten Waisenkindern zu einem Liebesnest, zu Vater und Mutter. Und für Doris und mich, die es gut hatten, erfand ich eiskalte Fluchtstrecken, rechtzeitig zum Einschlafen ließ ich uns in einer warmen Küche hungrig ankommen, verfroren, am Ziel.

*

Sehnsüchtig schaue ich nicht zurück, obwohl ich doch Grund hätte, vielleicht aber verklärend, und wenn ja, dann absichtlich so, ja verklärend schaue ich, indem ich auf diese Minute jetzt schaue, zurück. Nach Kierkegaards Maßstäben mache ich, beim Lieben von Menschen, lauter Fehler, gerate immer wieder in Stunden mit trüber, unaufgeräumter Seele, in bewußtseinsschwache Tage, an denen Gott fehlt, ohne den das Lieben von Menschen eine ängstliche und verworrene und endlos unfertige Angelegenheit ist. Das bloße irdische Sorgenlieben, immer wieder. ICH LIEBE DEN LIEBEN GOTT muß, um einer Leichtigkeit im Existieren willen, memoriert werden. Ohne Glaube und ohne Hoffnung bin ich obdachlos, absolut armselig, mürrisch, ich folge der ersten schlechten Eingebung. Ich erwarte von meiner Mutter, daß sie mich mit guter Laune ansteckt, also sehr abhängig bin ich. Ohne Liebe aber bin ich verloren, und selbstsüchtig vergesse ich dann, daß ich Lieblosigkeit weitergebe. Fühle ich mich deprimiert, fällt mir eine Entlastung ein, fällt mir meine Schwester ein, will ich meine Deprimiertheit einfach abladen? Oh, das wäre falsch, und zum Glück benehme ich mich nicht mehr wie das Kind, das ich war; vielmehr schreibe ich: Liebe Doris, hier bei uns ist alles wie immer, es geht der Mutter gut, vorhin am Telephon war sie vergnügt – gut, wenn ich das an einem Tag schreibe, an dem meine Mutter gegen die Spielregeln verstieß und sich ein bißchen beklagt hat, über schlechtes Schlafen, über Ungeschicklichkeit beim Schneiden der Fingernägel, über das Alter. Schnell telephonieren, eine erheiternde Idee aus der Luft greifen. Liebe! Und meine eigene Trübheit könnte sich auflösen.

*

Es geht mir gar nicht wie einer Freundin, die über das völlige Ausbleiben von Höhepunkten im gegenwärtigen Alltag klagt, und die deshalb frühere, interessantere Zeiten betrauert. Wir sind gleichaltrig, ihre besseren Zeiten müßten auch meine gewesen sein. Ein Glück, das erst durch das Zutun anderer und durch die Abwechslung und Zerstreuung mit anderen zustande kommt, kann nicht mein eigenes Glück sein. Selbst erzeugen muß mein Bewußtsein das Glück, von meinem eigenen Willen zustande gebracht werden muß die Zufriedenheit – tagaus tagein diese Anstrengung, mit der ich überhaupt nicht jedesmal erfolgreich bin. Ich rede mich mit medizinischen Diagnosen heraus: diese Mißstimmung ist eine Stoffwechselstörung, von dieser unerwünschten Assoziationsbahn kannst du nicht abzweigen, weil jetzt dein Gehirn nicht gut durchblutet ist, du bist unschuldig, denn das alles ist Biochemie. Aber die Seele macht sich den schweren Vorwurf der Schwäche. Auch hierin bleibt der Zusammenhang mit Kindererfahrungen intakt: ich bin zornig, und ich kann vorerst nicht anders werden, das spüre ich als Last und Kummer, es geht einfach nicht, ich muß noch eine Zeitlang zornig bleiben – und alle anderen bleiben gelassen, meine Schwester bleibt fair und sich ihrer zwei Jahre, die sie mir voraus hat, bewußt, und deshalb wehrt sie sich nicht gegen meine kleinen tückischen Angriffe, das steigert meine Wut, sie nähert sich der Verzweiflung, aber: so kann ich nicht bleiben, so geht es nicht weiter, mein Wutanfall muß enden – Hilfe! Furchtbar schwierig, in die Selbstverleugnung einzuwilligen und wieder sanft zu werden. Ohne die Mutter aus dem Brecht-Gedicht gelingt es eigentlich nie, lebenslänglich nie – und jetzt, in einem Stimmungsschwund in diesen Nachmittagsstunden, rufe ich schnell am besten mal die drei Schwestern in Heppenheim an, es ist ein Wochenende und Teezeit dort, ich lasse mir von Evamarie berichten, was sie gerade alle machen, fast muß ich nicht mehr zuhören, es geht mir besser, aber ich erfahre gern vom Zeitungslesen im umgeräumten Wohnzimmer, der Tee ist getrunken – »die Schürze wird gebunden«, Brechts Mutter hat geholfen.

*

Wir Kinder haben die schönen, dem Gemüt bekömmlichen Ziele VERGEBUNG, VERSÖHNUNG kennengelernt. Die Eltern machten es uns leicht. Von ihnen: kein Übelnehmen, kein Nachtragen. Aber wir selber untereinander, wir mußten doch das Aufhören mit Zank und Streit üben, und die Nachgiebigkeit, das Friedenmachen – unserem eigenen Auskommen in der Welt zuliebe. Immer also wenn ich die Nichterziehung als Ideal proklamiere und behaupte, wir seien überhaupt nicht ERZOGEN worden, dann vernachlässige ich die Erinnerung an dieses Dauerklima der Toleranz, das uns beeinflußt hat. Schlaft auch nicht ein, ohne euch vorher wieder so richtig herzlich gern zu haben! Nie im Trotz und in der Feindseligkeit, also in einem Stumpfsinn gedankenlos, also auch in dem großen Kummer durch eine Verkehrtheit zwischen euch ins Bett gehen! Bevor es Nacht wird, wird Frieden geschlossen. Die Stimme wird doch noch einmal benutzt, ehe das Licht ausgemacht wird, und zwar für einen freundlichen Satz. Wir spürten ihre muntere Überlegenheit, wenn meine Mutter, die wußte, daß sie uns damit ein bißchen reizte, aufzusagen begann: »Oh wie fein und lieblich ist es, wenn Geschwister einträchtig beieinander wohnen.« Gegen unsere Willensschwäche ging sie vor, um unseretwillen. Aus einer Kindergemütsverworrenheit – aus dem Unglück selber – hat sie uns in die Vorstadien der Harmonie zurückerlöst.

*

Wie mein Vater erreicht hat, daß durch das Angedenken an ihn ein Hochgefühl entsteht, jedesmal, selbst wenn ich die schwermütig stimmenden Erinnerungen vornehme, oder besser: wenn ich mich in der Wiederholung auch dieser ernsten Augenblicke übe. Wie er das erreicht hat, ja, und wodurch. Im Nachdenken darüber weiß ich doch die Ant-

wort: er hat es mit der Vorrangigkeit seiner Liebe zu uns erreicht.
Der tröstende Vater sehr kleiner Kinder, der mit dem Taschentuch und ohne Belehrung, und der Vater, der seine erwachsenwerdenden Kinder beriet und unterstützte und der sein Vertrauen behielt – DER Vater ist es nicht, langsam auf der Treppe nach dem Arztbesuch. Winterlicher Tag, deshalb habe ich nicht draußen auf ihn gewartet, mit mir hat mein Vater jetzt noch nicht gerechnet, in diesem Treppenhaus waren wir nicht verabredet; also sehe ich seinen Gesichtsausdruck, bevor er für mich väterlich geändert ist. Er lächelt mir zu, wirklich, er freut sich, daß ich von nun an da bin – aber er wird doch von mir gar nicht im Sinn einer Nutzanwendung Gebrauch machen. Was ich als erstes erkenne: mein Vater möchte mich auf keinen Fall bekümmern. Aus dieser ernsten, von der Liebe zu mir gemachten Absicht, geht aber selbstverständlich für mich hervor, ein zweites, mit dem ersten fast gleichzeitiges Erkennen: der Arzt hat ihn gewarnt, er hat die Befürchtungen meines Vaters nicht auflösen können. Reden wir darüber? Wo bleibt der Ausgleich? Wie revanchiere ich mich fürs Taschentuch, für die Regelmäßigkeit im zärtlichen, liebevollen Sachverstand meines Vaters, durch den ich von jedem Mißgeschick freikam? Wo bleibt die Belohnung? Habe ich es nicht meinem Vater sogar immer ein bißchen übelgenommen, wenn er nur ein etwas verzagtes Gesicht machte und die Hand auf die Gegend legte, in der das Herz ist? Gesprochen von sich als einem Patienten hat er nie. Fange aber ich jetzt davon an? Was hat der Arzt gesagt? Wir kommen in unserer Unterhaltung – wie oft ich auch den Moment dort wiederhole – nicht über höchstens ein paar Medikamentennamen hinaus, wir bleiben Vater und Kind. »Weinen wie ein Kind«, Kierkegaards Lieblingserinnerung, findet noch statt, aber als ein Nach-innen-Weinen. Die

Besorgtheit meines Vaters um seine Gesundheit wandelt sich in Sorge darum, mich zu schonen. Wir bewegen uns immer in sehr dichter Nähe zu einer Grenze, jenseits derer wir fürchten müssen, den Verstand zu verlieren. Kranke Eltern, Eltern die auch nur sterben müssen, vertragen die Kinder nicht. »Ich schütte mein Herz aus bei mir selber«, sage ich mir vor. Und dieser Adressat für Katastrophenmeldungen der Seele ist der mit mir zusammen erwachsener gewordene LIEBE GOTT aus den allerersten Kinderabendgebeten. »Vater laß die Augen dein . . .«: ich habe von Anfang an meinen weltlichen Vater in die Oberaufsichtsvorstellung eingeschmolzen.

*

Für den Film treten meine Mutter, meine beiden Tanten, mein Mann und ich und der Hund zum dritten Mal aus der Haustür, um bis zum Gartenzaun hin den Abschied zu spielen – in dieser Wiederholung einer Wiederholung bin ich jetzt nicht von der Gegenwart abgelenkt, nicht zu aufgeregt und zu sehr angetan für alle Empfindungen; erst in der Wiederholung wird meine Liebe zu den Beteiligten brauchbar, mutig, sinnvoll, belustigend. ». . . nur des Neuen wird man müde. Des Alten niemals.« Meine Mutter spielt auch das dritte und noch das vierte Abschiedslächeln vollkommen, und wenn ich sie in der Gegenwart wie ohne Verstand und von Sinnen gern habe, so kann ich sie in der Wiederholung mit ganzem Bewußtsein und genießerisch lieben. Vom Charme und von der Vielfalt ihrer beiden Schwestern und von der Originalität ihrer Ideen bin ich, solang wir miteinander nichts Vollständigeres teilen als die Gegenwart, ganz zerschlagen, ich werde es tagelang sein, heimwehkrank, und doch von der Feigheit angesichts der realistischen Gegenwart nicht geheilt; aber in der Wiederholung, die das Wehmütige des bloßen

Erinnerns überwunden hat, kommt das Glück unserer Liebe zustande.

*

Nicht nach rückwärts, nach vorwärts erinnern. Der Blick meiner Mutter, vorgestern oder übermorgen. Er ist lustig, wagemutig, enthält eine Unternehmungshoffnung und gehört zu einem Lächeln. Mir gilt er und wirkt so, als suche er in mir eine Komplizin: Weißt du, daß es um Viertel nach acht »The little Lord Fountleroy« im Fernsehen gibt? Bist du am Soundsovielten zu Haus, wenn ich zum Arzt muß? Fahrt ihr mit dem Auto nach Zürich? Werdet ihr wieder nach Texel gehen? Alle diese Fragen stellt sie gar nicht, sie hat nur vom LITTLE LORD geredet. Ja, das dicke, hellblau gebundene Buch, Kindheitsvorliebe, ich erinnere mich. Um Viertel nach acht sehen wir aber nie etwas im Fernsehen, Mutter. Nach Zürich fahren wir vorerst gar nicht. Weite Strecken im Auto, für dich sind sie nicht mehr günstig, oder? Texel, wer weiß das jetzt schon ... Stumpf-vernünftiges, mit ödem Beraten vollgestopftes Erwachsenenleben deiner Kinder. Einen gerechten Tausch gibt es nicht. In der Art zu lächeln und optimistisch auf mich zu setzen, wiederholt sich ein Lächeln meiner Mutter aus dem Treppenaufgang des Pfarrhauses, und das heißt, aus der Zeit, in der ich auf sie angewiesen war. Einfach nur, weil wir uns begegneten, hat sie mit mir gelächelt, und weil sie wußte, daß ich in einer mürrischen Verfassung steckte; und demnach wiederholt sich vor allem in diesem Lächeln, daß ich es nicht zurückerstattet habe.

*

Ich will ja gut gelaunt sein, ich will ja gut gelaunt sein, ich will ja wieder dazugehören, wünscht sich das Kind, und gewiß ahnt es trostlos in diesem Bewußtseinskampf um die eigene Identität, was später der Erwachsene ganz genau weiß: ich verpasse Lebenszeit! Schuldig, sündig, erbärmlich! Ich muß zurückkommen in mein eigenes Leben. Liebe Mutter, sag etwas! Sofort! Sei sie wieder, die Mutter aus dem Brecht-Gedicht, binde die Schürze, jetzt gleich!

*

Wenn ich meinen Film nicht in Darmstadt drehe, sondern auf einer Insel in der Nordsee, bin ich in Wahrheit meinen Familienverzahnungen fast näher. In Darmstadt, wo wir immer noch leben, mein Mann und ich – alle andern zogen von hier weg – in Darmstadt erinnert mich nicht mehr so viel an meinen Vater. Um jede Heckenbiegung könnte mein Vater uns auf Texel jederzeit entgegenkommen. In der Innenstadt von Darmstadt sind wir früher gemeinsam andere Straßen gegangen, die Straßen, durch die wir gemeinsam gegangen sind, sahen anders aus, die Häuserzeilen sind durch Mammutkaufhausfronten unterbrochen, die Buchhandlungen, von denen mein Vater konstant angezogen wurde, haben andere Inhaber oder sind verschwunden und auch seine bevorzugten Antiquitätengeschäfte gibt es nicht mehr. Fußgängerkonsumparadiese, umzingelt vom innerstädtischen Schnellverkehr, Geschäfts-Center wie Massentummelplätze von Müßiggängern: er hat sie nicht mehr kennengelernt. Abgerissen wurde die Zentrale der Wirkungsstätten meines Vaters, des Schwesternverbandes, ebenso sein Diensthaus, unser Familienhaus, das jetzt so alt wäre wie ich, und die großen Gartengrundstücke rings um die beiden Häuser sind verbaut, keinen Baum von früher und kein Gebüschversteck fänden wir dort wieder. Ganz gut so, denn das Gedächtnis bedarf der Pietät für reale Schauplätze nicht, und keine vergangenheitsneugierige Wehmut muß mich je dorthin zurücklenken. Schnell fahren wir statt dessen auf einer jetzt verbreiterten Durchgangsstraße, die wir Kinder als Rollschuh- und Schlittenbahn benutzten, im dichten Verkehr an dem unerkennbar gewordenen Kindheits- und Jugendzeitgelände vorüber, und für irgend etwas Ehemaliges verrenke ich mir nicht den Kopf. Schnell weiter. Zum Parken, Aussteigen mit Rundgängen durch die alte Gegend kommt es fast nie. Im Vorüberfahren an einer häßlich-unscheinbaren alten Einfahrt sage ich manchmal das Wort BELIDA zu meinem Mann, der weiß, daß ich an den Ursprungsort meines Film-Enthusiasmus' erinnere, an mein frühes Kino-Fieber. Vor Jahrzehnten schon wurde die altmodische Leuchtschrift, die zum kleinen Kino durch die schäbige Einfahrt zwischen Brandmauern hinunterverlockte, wurde das Signal BELIDA abmontiert, und ich habe nie untersucht, welchem Gebäude meine Zwei-Stunden-Amerika-Welt der ersten Nachkriegsjahre gewichen ist. Unterschlupf in völlig neuartigen Erwachsenenmelodramaturgien; ich saß gern ziemlich weit vorne, ich hatte die Anfänge von Filmen schon damals immer am liebsten, die kleinen Kinosessel fand ich schön, die Beleuchtung in dem schmalen Raum schick, den dicken Vorhang bewunderte ich. Nichts aus den Hollywoodfilmen glich meinen eigenen Erfahrungen, keine Szenerie, keine Person, kein Konflikt, und alles hat mich sicher deshalb interessiert. Mit großer glücklicher Neugier schaute ich bei unbekannten, in meinen Augen grotesken, übersteigerten Liebesverwicklungen zu, und langhaarige Frauenfrisuren, schmalzige Mimik, hochhackige Schuhe imponierten mir. Ich wollte das Leben einer Mitschülerin führen: dann würde ich dem BELIDA so nah wohnen wie sie, fast nebenan, und ich hätte immer Dauerfreikarten fürs Kino, ich sähe täglich mehrfach verschiedene Filmprogramme. Die BELIDA-Lieblingssituation, wenn ein Film an-

fing in der Dunkelheit, erkenne ich jetzt noch wieder: heute abend gehen wir an unsere Cassettenreserve, wie wär's mit DER FALSCHE MANN, oder sparen wir uns das noch auf für einen Zeitpunkt, an dem wir ihn etwas besser vergessen haben?
Die Filmsüchtigkeit von damals, als ich vierzehn war, stimmte mit meiner Amerika-Euphorie überein und hing mit dem Befreiungsgefühl zusammen, dessen Original der kurzen Szene entstammt: bräunliche Frühjahrsfarben; wir sahen die ersten Amerikaner, eine kleine Gruppe, auf weichen Sohlen leise durchquerten sie unseren Garten vom Westen nach Osten, freundliche Gesichter: das Ende der Nazis.

*

Mein Mann und ich, wir wohnen seit fast zwei Jahrzehnten in einem anderen Viertel am entgegengesetzten Ende der doch nicht großen Stadt, und trotzdem bin ich hier nicht eingelebt, obwohl der Osten nicht sehr weit vom Südwesten entfernt ist, und wenn ich ohne meinen Mann durch die Straßen des Quartiers gehe, empfinde ich etwas wie eine nur imitierte Gewohnheit. Ich weine meinem getilgten Kindheitsgebiet nicht nach; nur an die Fortsetzung seiner Existenz im Kopf braucht man anhänglich zu sein. In der Phantasie überlebt, was von den einstigen Lebensplätzen wertbeständig ist.

*

Besser . . . fühle ich mich bei fallendem Barometer, Wetterwechsel am Tag, Wolken bedecken den Himmel, ich fühle mich besser bei früh einsetzender Dunkelheit, besser im Wäldchen hinter dem Mann im Trenchcoat her, draußen ist es zu hell, zu sonnig, zu windig, besser, wenn Schnee fällt – halt! Spätestens hier muß ich aufhören, aus der Gleichzeitigkeit mit meinen Lebenspersonen selbstversunken zu fallen, ich muß aufhören damit, unabhängig und ausschließlich auf mich bezogen Lebensbedingungen einzuschätzen. Ich muß DORIS ÜBERANSTRENGE DICH NICHT BEIM SCHNEESCHAUFELN denken. GERHARD FAHR VORSICHTIG. Der Martin aber liebt das extreme Wetter so wie ich, sieht trotzdem einen Western, während Schnee fällt. Meine Mutter, einstmals jemand, der alles konnte, und alles besser als ich, fürchtet – denn es ist nun einmal Gegenwart, die Gegenwart unseres Älter- und Altseins – den Schnee, das Glatteis, die frühe Dunkelheit, und wir können nicht mehr nach Kinderart zu ihr als der Retterin aus sämtlichen erdenkbaren Katastrophen ins große bergende Familienhaus zurückkehren, von Abenteuern ermüdet – und kehren wir nicht doch zu ihr zurück? Das Abendtelephonat, das Gute-Nacht-Sagen ... es ist doch schon 18 Uhr vorbei, was ist denn los, warum rufst du nicht an? Das tägliche Liebesspiel in dieser Fortsetzungsgeschichte strengt an, aber noch weniger, als uns davon ausruhen, können wir es beenden. Meine Schwester schreibt ihren Donnerstagsbrief zum Wochenende der Mutter. Dunkler Dezember, in dem ich, wie in der Kindheit, auf ein Abschlußgefühl hinlebe: früher waren neue Puppenkleider interessant und das lange Aufbleiben in der Sylvesternacht. Wem gilt jetzt die gespannte Erwartung? Worauf zielt sie? Der letzte Tag des Jahres kommt mir wie ein Bestimmungsort vor. Einladungen sage ich ab.

*

Vom Neujahrsmorgen erwarte ich – was eigentlich? Den neuen Mut zur Tarnung, die Verbesserung des Vorrats an

Erwartung. Das nächste Ziel, die Endstation, die ein Ausgangspunkt ist.

*

Die Zirkusvorstellung, das Theaterstück, der Film – hat eben erst angefangen. Ich, das neugierige, aufgeregte, in Vorfreude sehr vergnügte Kind, ich aber frage: Dauert es auch lang genug? Hört es auch nicht zu bald schon wieder auf?
Wir sitzen am Kaffeetisch der Tante Minna, mit dem Kuchenessen haben wir gerade erst angefangen, und ich sage zu ihr: Ach, sichere mir doch ein Stück Kuchen. Tu das bitte, sage ich, ehe ich satt bin, und damit etwas andauert.